SECRETS DE CANTINE

SECRETS DE CANTINE

DE

GUILLAUME LE CANTINIER

hachette

Lecantinier

Sommaire

TEAM
ANTI-GASPI

Les QUESTIONS des abonnés

et les réponses du Cantinier

Je remercie tous les gens qui prennent la peine de m'envoyer des messages, soit des témoignages, soit des questions diverses et variées.

« Salut Guillaume,
Bravo à toi !
Mais j'ai une question que peut-être personne ne t'a posée encore : pourquoi Guillaume Le Cantinier ? Car si je regarde la définition du mot « cantinier », tu n'en es pas un !! Pourquoi pas Guillaume Le Cuisinier ?
Je fais le même boulot que toi, mais quand on m'appelle « Cantinier », ce mot me sort par les trous de nez car j'estime avant tout être cuisinier. J'aimerais beaucoup avoir ton point de vue et te remercie par avance. »
Johnny, cuisinier dans un CROUS de Poitiers

« Salut, M'sieur le cantinier,
Tout d'abord, bravo pour ce choix de nom. C'est ainsi que j'aime me présenter quand on me demande mon emploi. Cantinier, c'est cool. Plus de signifiant que cuisinier...
Bref, moi je cuisine au collège... »
Cédric, cuisinier dans un collège de Dordogne

Ah, ah, cette question autour du terme « cantinier » revient souvent ! Et je dois dire que je m'y suis fait à mon nom : « cantinier », ce n'est tout de même pas un gros mot. Alors, certes, ce terme a une résonance péjorative à cause de la vieille image de la cantine. Mais, comme disaient les Inconnus, « il y a le bon et le mauvais chasseur » (c'est bon, tu as la réf ?). Tout ça pour dire que nous sommes des professionnels de la restauration, des chefs, des cuisiniers qui œuvrons dans le milieu de la cantine. Nous sommes donc bien des cantiniers. Et c'est tellement ancré dans l'inconscient collectif qu'à chaque fois qu'on évoque le monde de la restauration scolaire dans les médias, on dit CANTINE !

Et, à mon avis, si je m'étais fait appeler « Guillaume le cuisinier de la restauration scolaire », je ne serais peut-être pas en train d'écrire ces quelques lignes !

PRÉFACE

En tant qu'Ambassadeur pour la gastronomie, Meilleur Ouvrier de France, et ancien chef de restauration collective dans les cuisines de l'Élysée, je suis très heureux et fier de préfacer cet incroyable ouvrage sur les cantines. Ce livre lève le voile sur un métier et un monde trop souvent méconnu, dévalorisé et réduit à des idées reçues : celui des cantiniers et de la restauration collective. Il rend hommage à un univers professionnel où passion et engagement s'allient pour relever des défis quotidiens et essentiels.

Chaque jour, la restauration collective sert en France 12 millions de repas. Son impact sur notre société est immense : la cantine est un passage presque universel dans la vie des Français, marquant les mémoires, qu'elles soient faites de bons ou de mauvais souvenirs. Pour des millions d'enfants, la cantine est le premier « restaurant » de leur vie. Ils y découvrent de nouveaux goûts, apprennent la sociabilité autour du repas avec leur camarades de classe, et peuvent y être sensibilisés aux règles d'une alimentation équilibrée.

La restauration collective est au carrefour de nombreux enjeux cruciaux pour notre société. Elle offre d'importants débouchés pour les agriculteurs français, elle participe à l'application de la loi Egalim en faveur de produits locaux et de qualité, et elle joue un rôle fondamental dans la santé et l'éducation des « clients » petits et grands. Elle est aussi un acteur majeur dans la lutte contre le gaspillage alimentaire. C'est un formidable levier pour promouvoir une alimentation de qualité, durable et accessible.

Aujourd'hui, les États mesurent l'importance de cette mission : en 2019, la France et la Finlande ont initié, dans le cadre des Nations Unies, une coalition mondiale pour les cantines scolaires. L'objectif est clair : faire des cantines du monde entier un outil puissant pour offrir aux enfants une alimentation saine et suffisante, indispensable à leur santé et à leur éducation.

De l'histoire des cantines, qui révèle comment l'idée de nourrir les écoliers a évolué au fil des décennies, à la présentation des enjeux contemporains – qualité nutritionnelle, lutte contre le gaspillage alimentaire, approvisionnement local –, ce livre déconstruit les clichés et explore les multiples facettes de cet univers complexe et passionnant, sans se réduire uniquement à la restauration scolaire. Richement documenté et accessible, il propose une vision à 360 degrés de la restauration collective, avec une approche aussi éducative que gourmande grâce à ses recettes !

En prenant la plume, Guillaume Delsaux, cantinier engagé, montre l'exemple, avec des solutions concrètes pour faire de la restauration collective un modèle d'excellence. Il nous invite à retrousser nos manches, tous ensemble, pour faire de la cantine une véritable école du goût et du bien-manger pour les générations futures. J'espère que cet ouvrage contribuera à changer le regard de notre société sur les cantines, et qu'il suscitera de nombreuses vocations de cantinières et de cantiniers chez les futurs chefs ou les cuisiniers déjà en activité cherchant un nouveau défi professionnel.

Un grand bravo au chef Guillaume Delsaux, et plus largement à tous les cantiniers et cantinières de France, pour leur engagement quotidien à créer une cantine de qualité, qui éveille les papilles et fait grandir les enfants.

Guillaume Gomez
Ambassadeur pour la gastronomie
Représentant personnel du Président de la République
pour l'alimentation et la gastronomie

INTRODUCTION

Bonjour ! Et bienvenue dans l'univers mystérieux et secret de la cantine – ou, pourrais-je dire plus sérieusement – du monde de la restauration scolaire !

Moi, c'est **Guillaume Delsaux** et je partage sur les réseaux sociaux mon quotidien de cuisinier d'un restaurant scolaire, sous le pseudo – tu vas voir, c'est original – de **Guillaume Le Cantinier**. J'assume tout à fait ce terme de « cantinier » qui a mauvaise presse et j'aurai l'occasion de t'en reparler dans la première partie de ce livre, où je vais te conter l'histoire de la cantine à travers le temps, avant d'en dévoiler les coulisses et les secrets.

J'ai commencé à créer des vidéos très courtes sur TikTok en septembre 2021, à cause (ou grâce à) du foie de veau. Lors d'un service du midi, on en proposait une faible proportion pour les amateurs (eh oui, c'est très bon quand c'est cuisiné avec amour !) et tous les élèves, enfin beaucoup d'entre eux, me demandaient du steak en voyant ce plat. C'est à ce moment-là que je me suis dit qu'il y avait quelque chose à faire, alors j'ai pris mon téléphone en mode selfie et j'ai dit : « Bonjour !! Si tu vois ça à la cantine, c'est pas un steak ! C'est un foie de veau, ça n'a pas le même goût ! » (Je ne disais pas encore « Bon appétit ! » à la fin de mes vidéos, à l'époque. J'ai posté ladite vidéo, qui a fait rapidement des milliers de vues. Je me suis rendu compte que le sujet intéressait beaucoup et, de fil en aiguille, je me suis mis à dévoiler les coulisses de la restauration, d'abord aux jeunes puis aux parents via Instagram, Facebook et YouTube.

Mais mon histoire avec les réseaux sociaux a commencé bien avant, en janvier 2019. J'avais juste une page Facebook dont je me servais à peine. Et un soir, en regardant le célèbre talk-show d'une ancienne chaîne de la TNT, j'ai entendu son animateur vedette mettre en avant TikTok, en disant que le réseau social chinois s'ouvrait peu à peu à autre chose que de la danse ou du playback (ça, ce n'était pas pour moi !), que l'on pouvait y poster du contenu plus humoristique, en reprenant des tendances, et que c'était très intuitif et ludique pour produire du contenu vidéo. Ce qu'il faut savoir, c'est que je fais du théâtre en amateur depuis de nombreuses années et me mettre en scène sur les réseaux était juste une continuité et un bon délire, alors je me suis lancé ! Petit à petit, j'ai « percé », comme disent les jeunes (oui, je sais, je ne le suis plus depuis un temps, c'est certain), en publiant de très courtes vidéos sous le pseudo « Guifou ». Je suis passé rapidement à 200/250 000 abonnés et le jour est arrivé où j'ai commencé à partager mon quotidien de cantinier sur les réseaux. Ma proviseure de l'époque (je ne la remercierai jamais assez) m'a conseillé de créer un compte spécial « cantine » pour ne pas mélanger mes délires du quotidien (que j'ai, depuis, abandonnés par manque de temps) et le côté « pro ».

J'ai donc suivi ses conseils et, en accord avec la région Nouvelle-Aquitaine pour laquelle je travaille, je suis reparti à zéro en septembre 2021, en créant ce nouveau compte. Je me suis fait appeler « Le Cantinier » en m'inspirant d'un ami qui partage son quotidien de moniteur auto-école et qui s'appelle « Walid le moniteur ». J'étais un des premiers à faire ce genre de choses et si je m'étais fait appeler « le cuisinier de la restauration scolaire », ça n'aurait pas eu le même impact ! Le terme « cantinier » a mauvaise presse et je voulais vraiment redorer son blason, et ainsi, faire passer ce message que, oui, nous sommes des professionnels de la restauration scolaire et qu'un cuisinier dans une cantine est un cantinier, que ça plaise ou non.

Alors, toi le parent, toi l'ancien élève, toi l'écolier, toi le collégien, toi l'étudiant, toi le nostalgique de la cantine, je t'invite à me suivre au fil de ces mots et de ces chapitres dans le monde des cantines.

La restauration scolaire représente 4 milliards de repas servis par an, alors tu te doutes bien que tout ça ne se fait pas d'un claquement de doigt. On est quand même l'un des pays qui encadrent le mieux la cantine. Non, tout n'est pas parfait et il y a des réflexions à mener pour trouver et adopter des solutions pour des cantines plus équitables selon les territoires dans lesquelles elles se trouvent. J'aurai aussi l'occasion de t'en parler dans ce livre.

Je vais répondre aux questions que tu t'es peut-être déjà posées : comment s'organisent les cantines ? Qui fournit les cantines ? Qui y travaille ? Combien coûte réellement une cantine ? Pourquoi le menu végétarien prend-il de l'ampleur ? Mais pourquoi c'est bon ici et pas là-bas ? Et aussi à des questions que tu ne t'es peut-être jamais posées : quelles sont les règles de sécurité alimentaire ? Quelles sont les obligations légales des cantines ? Et dans les autres pays, comment ça se passe ? Pourquoi y a-t-il du gaspillage alimentaire et comment faire pour le diminuer ?

J'aborderai aussi le sujet de l'éducation alimentaire, qui commence dès le plus jeune âge à la maison et qui peut avoir une continuité, en classe et à l'heure du repas, au réfectoire ; via des ateliers découvertes, grâce aussi à des associations impliquées, par exemple. Et tout ça de manière ludique et dynamique, comme j'en ai l'habitude dans mes vidéos.

La cantine est un sujet crucial pour le devenir des générations futures. Si bien manger s'apprend dès tout petit, c'est aussi tous les jours, tous les midis, tous les soirs, au goûter, au petit déjeuner, même hors de chez soi.

Et si ce livre pouvait, en plus, révéler des vocations, ce serait vraiment extraordinaire car, oui, c'est aussi un sujet que je vais évoquer dans ces pages. Très peu d'enfants rêvent de travailler dans une cantine ; ce n'était pas mon cas non plus. Je rêvais avant tout d'être cuisinier. J'ai toujours adoré cuisiner avec mon papa, mes grands-parents ne juraient que par leurs potagers (du frais, du local, du fait maison au quotidien), je n'allais même pas à la cantine quand j'étais petit, c'est pour dire ! Je me souviens tout de même de celle du lycée hôtelier dans lequel j'ai fait mes classes et je peux te dire que ça n'envoyait pas du rêve : ouvrir des boîtes et proposer de la cuisine d'assemblage à des élèves futurs gastronomes… si ça, c'est pas un comble ! Alors, j'ai fait mon petit bonhomme de chemin, qui ne me prédestinait en aucun cas à la restauration collective et encore moins scolaire. Au fil des années (qui passent beaucoup trop vite), je suis passé d'apprenti à chef de cuisine. Avec la trentaine déjà bien entamée, l'idée de travailler en restauration scolaire a germé (alors chut, faut pas le dire : la raison principale de cette envie était surtout que je voulais profiter de ma vie familiale les week-ends). Et j'ai eu l'opportunité de postuler à un poste de cuisinier dans le lycée public de ma ville, qui avait déjà une très bonne réputation (j'ai foncé tête baissée, je ne voulais surtout pas me retrouver dans un établissement à faire de la cuisine d'assemblage).

Et quel plaisir de pouvoir bien cuisiner pour autant d'élèves ! Mais malheureusement, ce n'est pas le cas partout ! Et je me demande régulièrement : mais pourquoi c'est possible ici et là, mais pas partout ? À cause d'enjeux politiques ? Parce qu'il y a des territoires moins favorables ? Est-ce dû à un manque de main d'œuvre ?

Alors, de la petite cantine de village au monstre de la restauration scolaire centralisée, je vais tenter aussi de te donner des réponses et – pourquoi pas – des solutions ! La grande question est : un système national de cantine idéale existe-il ? Je te donnerai mon point de vue en conclusion de ce livre, qui se veut ludique avant tout et qui va te permettre d'avoir un œil nouveau sur le monde de la restauration scolaire.

Allez go, c'est parti !

1 milliard

de **repas** servis par an

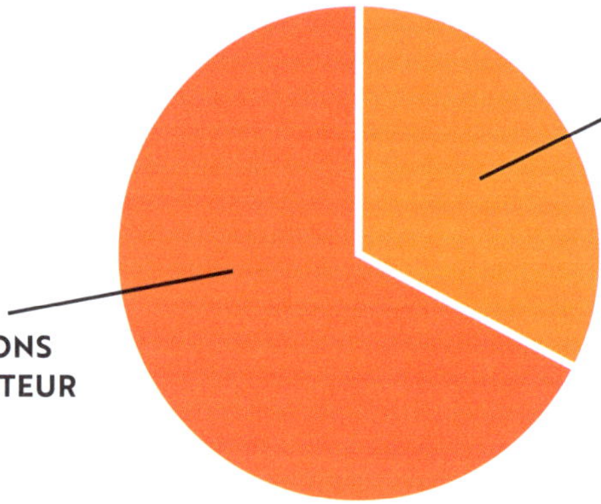

7 millions d'enfants

y mangent au moins **une fois par semaine**

100 000
employés
dans ce secteur

3 millions
couverts servis
chaque jour

90 000

point de restauration collective scolaire

2,34 milliards d'€

de denrées alimentaires annuelle

Gaspillage
Voir page 211

Bon
À
SAVOIR

POURQUOI LES ENFANTS PRÉFÈRENT-ILS MANGER À LA CANTINE ?

« Je préfère manger à la cantine avec les copains et les copines. »

Que celle ou celui qui n'a jamais fredonné cet air bien connu de Carlos me jette la première pierre ! Cette chanson humoristique et décalée de 1972, « La cantine », a été composée par l'auteur compositeur français Jim Larriaga. Elle a connu un très large succès, avec plus de 400 000 exemplaires de disques vinyles 45 tours vendus, lui permettant d'entrer dans l'inconscient collectif très rapidement. Nous allons essayer de comprendre pourquoi.
Tout d'abord, ce qui m'interpelle et peut sembler contradictoire, c'est que cette chanson vante les mérites des cantines scolaires, où les enfants s'amusent et se chamaillent, alors que la qualité de la nourriture semble laisser franchement à désirer. Comme elle relate des faits avérés, a priori, il est légitime de se questionner sur la raison d'un tel engouement pour la cantine de la part des élèves.
J'ai choisi cette chanson parce que les paroles me semblent bien faire le tour du sujet de la restauration scolaire et de ses contradictions du point de vue des enfants ; alors

je vous propose de décortiquer et d'analyser ces paroles pour mieux comprendre ce qui fait le succès de la cantine. (Tiens, ça pourrait faire un bon sujet de philo : « analyse de texte de "La cantine" de Carlos » ! Avec ça, si je ne finis pas dans l'émission *La grande librairie*, je ne comprends pas !)

Je préfère manger à la cantine
Avec les copains et les copines
Et même si la viande est dure comme du caoutchouc
Au moins je suis sûr de rigoler un bon coup
Je préfère manger à la cantine
Même si le beurre c'est de la margarine
Tant pis s'il y a des cailloux dans les épinards
Je préfère manger au réfectoire

Le refrain nous fait comprendre que la cantine est l'occasion d'un temps de détente propice à la rigolade et que, même si la viande est dure comme une vielle semelle enragée, mieux vaut en rire qu'en pleurer ! Faire ressortir le côté positif des choses, c'est essentiel pour le moral. En effet, s'il y a bien un truc qui nous rassemble tous, c'est l'humour !
Cela dit, les cailloux dans les épinards, c'était plutôt une preuve de fraîcheur... à moins que ce ne soit la pelouse qui était cuisinée ? (Légende urbaine, bien entendu ; je tords d'ailleurs le cou à ce préjugé p. 222.)
En revanche, la margarine à la cantine, c'était loin d'être une légende (et je le redis ici) ! Cette substance grasse végétale qui remplace le beurre était utilisée pour une question de coût faible. Mais côté goût, y'avait pas photo, surtout si on ne pensait pas à y ajouter quelques épices ou condiments pour compenser. Ah, l'éducation au goût et les efforts à ce sujet, ce n'était pas encore à l'ordre du jour ! En attendant *Top Chef*, on était sur des plats destinés à se nourrir, point barre. Humm... imagine de bons épinards caillouteux à la margarine... Tu sens le grain de sable sur ta langue, avec le goût plâtreux de la margarine ? Mieux vaut en rire, c'est certain !

À la maison on ne peut pas manger avec les doigts
C'est défendu de jouer aux billes avec les petits pois
Ce n'est pas marrant d'être à table !
À la cantine on se bagarre avec la confiture
On s'en met plein les mains, plein les habits, plein la figure
Et quand y'en a un qui rouspète, on lui fait manger son assiette

À côté de ça, le repas à la maison représentait, en tous cas à l'époque, un temps de confinement autour de la table pendant lequel il fallait être sérieux et obéissant, avec des « Tiens-toi droit ! Ne parle pas, la bouche pleine ! Ne sors pas de table tant que tu n'as pas fini ton assiette ! », etc. Tu te souviens de ces phrases avec ces interdits et ces obligations ? « On ne peut pas, c'est défendu… » En tant qu'enfant, ce n'est pas marrant d'entendre répéter cela et, parfois même, ça laisse de lourds souvenirs, voire de drôles de comportements dont on a mis des années à se défaire… En somme, voilà une éducation autoritaire, stricte, loin des besoins de mouvement, d'exploration et de découverte des enfants. Alors que la cantine, au contraire, représentait un espace et un temps de liberté sans les parents pour juger ! Une vraie bouffée d'air frais !

Alors, évidemment, même si l'époque a changé et qu'il y a plus de liberté à la maison, ça reste aujourd'hui quand même moins drôle de rentrer seul chez soi pour manger avec ses « darons ». Tu vas trouver ça étrange mais, personnellement (tu te souviens, je n'allais pas à la cantine quand j'étais petit), malgré le fait que ma maman cuisinait super bien, que c'était bon et agréable de rentrer chez moi, eh bien parfois j'enviais mes camarades qui allaient tous les jours à la cantine. En fait, cette chanson de Carlos me vendait du rêve ; oui, quand je l'écoutais, cela me donnait envie d'en être, de m'amuser avec les copains et de transgresser certains interdits, de vivre cette mauvaise bouffe à plusieurs et d'en faire des souvenirs communs dont on peut rire ensuite.

Je reviens à la chanson :

À la maison quand y'a un invité à déjeuner
Il est toujours défendu de leur faire des croche-pieds
Et de les envoyer sous la table !

Qui n'a pas été traumatisé par les longs repas de famille ennuyeux du dimanche à la maison, avec le célèbre « sois sage, on a des invités, reste à table jusqu'à la fin du dessert » ? Alors qu'à la cantine, malgré la surveillance des cantinières qui faisaient les gros yeux, les possibilités de braver les interdits étaient multiples.

On pousse les tables dans un coin pour faire de la musique
Voulez-vous danser, Mademoiselle, tout en finissant vos gamelles.

Ici, on comprend que cette chanson reste parodique. Mais nous savons que derrière la parodie se cache toujours un trait de vérité. S'il existe un lieu et un temps d'échange, de franche camaraderie, de rigolade et de détente pendant lequel on se parle de tout (des cours, des professeurs, des parents, des ami·e·s), pendant lequel on se raconte, on chuchote, on se fait des confidences, c'est bien la cantine, le réfectoire, le self. Et que ce soit bon ou mauvais, peu importe ; c'est un lieu indéniable de partages, d'équité vis-à-vis des repas, de vie en communauté. C'est un véritable lieu de sociabilisation pour les enfants et les ados, avec ses bonnes et ses moins bonnes expériences, ses effets de groupe, de moquerie, de dispute... de discrimination aussi parfois, malheureusement. (Le côté éducation et équilibre alimentaire est un autre volet, que j'aborderai plus loin.)

Eh oui, la sociabilisation est un processus d'une extrême importance dans le développement de l'enfant ! Cela lui permet d'acquérir les compétences nécessaires pour interagir et s'intégrer au monde qui l'entoure. Elle joue un rôle fondamental dans son épanouissement émotionnel, social et cognitif (oh, un mot savant, ça change !). Et si le temps de pause du déjeuner peut y contribuer, alors pourquoi s'en priver ?

Je préfère manger à la cantine
Avec les copains et les copines
Et même si la viande est dure comme du caoutchouc
Au moins je suis sûr de rigoler un bon coup

Je préfère manger à la cantine
Même si le beurre c'est de la margarine
Tant pis s'il y a des cailloux dans les épinards
Je préfère manger au réfectoire

VIVE LA CANTINE !

1

La petite **histoire** de la cantine

Allez, je t'embarque avec moi dans un court voyage à travers le temps pour comprendre les origines de la cantine ! C'est l'occasion pour toi de connaître sa période d'apparition, son essor et son évolution jusqu'au XXIe siècle.

LE SENS DU MOT « CANTINE »

L'étymologie du mot « cantine » n'est pas bien claire : plusieurs hypothèses existent, ce qui ne rend pas le sujet limpide ! Ce n'est pas grave, on va quand même les explorer.
Tout d'abord, il y a l'origine du mot proposée par Pierre Larousse en 1867, dans le *Larousse du XIXe siècle*, qui indique qu'il vient de *canton*, racine d'origine germanique (et pas chinoise, comme tu aurais pu l'imaginer !) qui signifie « coin, extrémité » (bon, là j'avoue, c'est pas très clair, mais on va y arriver !). J'ai envie de te simplifier les choses en te disant qu'en espagnol, *canton* et *cantina* veulent dire « cave, cellier », et qu'en italien, c'est un peu pareil (*cantone* et *cantina*).
Dans son dictionnaire étymologique de la langue française, en 1650, Gilles Ménage, grammairien, prêtait lui aussi l'origine du mot « cantine » à *canova*, « cave ». Là, on commence à y voir plus clair, non ? La cave et le cellier représentent des pièces où habituellement étaient rangés les aliments pour leur conservation. Ainsi, on perçoit déjà ici que le mot « cantine » se rapporte à une fonction en lien avec la nourriture.
De son côté, au XIXe siècle, Amédée Tardieu, bibliothécaire, archiviste, géographe et traducteur littéraire, indique dans le *Littré* que le mot latin *quintana* désigne une rue dans un camp romain : la voie quintaine séparait le cinquième et le sixième manipule (équivalent d'une compagnie de soldats ordonnés en rangées dans une forme rectangulaire) ; dans cette voie, avaient lieu le marché et les exercices militaires.
Pour conclure sur ces recherches, disons que la majorité des dictionnaires et encyclopédies actuels retiennent que « cantine » serait emprunté à l'italien *cantina*, « cave, cellier », dérivé lui-même de *canto*, « angle, coin retiré, débarras ». La notion de marché mise en avant par certains évoque, quant à elle, un lien avec un espace d'échange de nourriture ; nous restons dans le sujet !

L'ORIGINE DES CANTINES

Au démarrage, l'origine de la cantine n'est pas scolaire mais militaire. Tout a débuté par un simple meuble que l'on nommait « une cantine », un meuble de voyage qui servait pour le transport (tu sais, cette malle aux coins carrés, facile à déplacer, comme on en voit dans les vieux films). Ce terme s'appliquait donc pour des malles contenant les affaires personnelles des officiers en déplacement militaire.

Là, tu te dis : « non mais, c'est quoi le rapport ?? ». Et c'est là que ça devient intéressant ! À partir du XVIIe siècle, la cantine devient une malle à compartiments (un peu comme une très grosse lunch box) servant pour le transport de nourriture et de bouteilles destinées à ravitailler les troupes en mission.

Quelque temps après, au XVIIIe siècle, la cantine sert à désigner un magasin de distribution de nourriture pour les soldats, fixe ou ambulant, par charrette puis par wagon. Ainsi, les premières cantinières étaient celles qui s'occupaient du transport de ces malles et qui en assuraient la distribution aux troupes en mission. Et là, tu commences à voir le rapport avec nos cantinières d'aujourd'hui, non ?

Puis au XIXe siècle, par extension, la cantine désigne ce même magasin dans des collectivités civiles telles que les hôpitaux, les prisons... et les écoles !

Donc tu l'auras compris, la cantine a commencé par être un lieu de stockage d'aliments, puis une malle qui se balade avec plein de trucs à manger et à boire pour nourrir les soldats, avant de devenir une sorte de magasin de distribution de nourriture dans l'armée, puis dans les collectivités civiles comme les hôpitaux, les prisons, les écoles. Bon, cette fois-ci, on y est ! On a bien cerné comment est née notre cantine !

1880/1945 : NAISSANCE DE LA CANTINE SCOLAIRE

Photo de la fin du XIXe siècle

Nous y voilà enfin ! À cette époque, la cantine indique le réfectoire où l'on prend ses repas en commun sur les différents lieux de travail qui rassemblent du monde, comme les hôpitaux, l'armée ou même les prisons. Ce lieu de rassemblement, créé à chaque fois par une initiative collective de personnes qui veulent manger ensemble, devient l'endroit dans lequel on mange soit des plats que l'on a préparés (tu sais, comme la fameuse gamelle que l'on prépare chez soi et qu'on amène pour le midi), soit un repas préparé sur place dans la cuisine, par des cuisiniers, soit des plats préparés par des cuisiniers à l'avance et que l'on réchauffe.

Au cours de ce siècle, des cantines voient également le jour avec une fonction plus sociale et solidaire : des personnes de bonne volonté lancent des expériences locales de restauration scolaire au profit des plus nécessiteux. Il est vrai qu'en ce temps-là, tous les enfants ne mangent pas trois repas par jour ; certaines familles sont vraiment pauvres. La

Photographie des années 1900.

cantine scolaire a donc aussi été créée par charité (oui, oui, l'entraide, c'est beau, non ?).
Alors, il est vrai qu'au niveau hygiène, sécurité et équilibre alimentaire, on est encore à des années-lumière de ce que l'on connaît aujourd'hui !! Mais, pour l'époque, c'est une véritable avancée sociale et cela répond à un besoin prioritaire de nourrir les enfants.
C'est en 1881-1882 que se généralise la restauration scolaire grâce aux lois de Jules Ferry qui rendent l'éducation obligatoire et gratuite (auparavant, l'école était payante, y aller était un privilège réservé aux plus riches ; les enfants de paysans, eux, devaient commencer à travailler très tôt, parfois dès 5 ans). Pour bien comprendre d'où vient ce gros changement que certains élèves peuvent reprocher à Jules Ferry, ministre de l'Instruction publique de l'époque, rappelons qu'il voulait faire instruire la population pour que la France puisse garder son statut de « grand pays ». À la suite de la défaite de 1870 face à la Prusse, il s'était dit, en effet, que c'était le manque d'instruction des soldats français qui avait entraîné leur défaite. Enfin, cette réforme visait aussi le début d'un système laïc car, autrefois, les écoles étaient souvent tenues par des religieux.
C'est donc une énorme révolution, cette instruction obligatoire pour tous, qui n'est ainsi plus réservée aux seuls favo-

risés ! Du coup, avec cette loi, c'est un futur océan d'élèves qui sera à nourrir et il va falloir développer les cantines à grande échelle. C'est un véritable essor pour les cantines.
Ainsi, au démarrage des cantines, il n'y a pas d'uniformisation, de réglementation. Certaines écoles offrent des repas préparés sur place par du personnel de cuisine, mais souvent les élèves apportent leur repas, très rudimentaire. Les produits frais peuvent être difficiles à trouver, surtout pendant la guerre.
Finalement, la naissance de la cantine scolaire pourrait être considérée comme le fruit du hasard et de l'improvisation, mais cela n'a été qu'une réponse pragmatique à un besoin. En effet, entre l'avènement de l'instruction rendue obligatoire pour tous les enfants et l'éloignement de ces derniers de leur domicile, avec des parents qui travaillaient, il a bien fallu trouver des solutions pour les nourrir le midi !

École maternelle au 34 rue Manin à Paris, en 1930.

Alors que Jules Ferry fait voter l'obligation scolaire en 1881/1882, il omet de règlementer l'organisation du temps de déjeuner. La mise en place d'une cantine scolaire est laissée à la libre appréciation des instituteurs, chargés le cas échéant d'en assurer la surveillance. Très rapidement, la Ville de Paris accompagne la mise en place des lois Ferry par la systématisation d'une aide alimentaire pour les familles nombreuses ou populaires ainsi que pour les enfants dont le domicile est très éloigné de l'école. Le plus souvent, la cantine se résume, comme sur cette photographie, à une soupe chaude et reconstituante, servie sous le préau de l'école ou, en hiver, dans la salle de classe. Il faut attendre 1936, dans un contexte de crise économique, pour que l'aménagement d'un réfectoire soit rendu obligatoire dans tous les établissements scolaires.

Il faut aussi ajouter qu'au moment où l'éducation est devenue obligatoire, le temps du midi n'est pas du tout structuré comme il l'est aujourd'hui ; alors, au fur et à mesure du temps, les choses se mettent en place naturellement. C'est sous IIIe République, qui débute en septembre 1870 et s'achève en juillet 1940 (petit rappel de date des cours de CM2 ; je m'en souviens comme si ce n'était pas hier !), que progressivement la notion de cantine se structure, qui mène à une politique tendant à établir une école dans chaque commune et, malgré le manque de considération des institutions pour l'alimentation des enfants le midi, que les cantines scolaires émergent. C'est à partir de l'école et de la commune que cela se fait, sans intervention de l'État (ce qui, d'ailleurs, est encore le cas aujourd'hui – je vais t'expliquer pourquoi dans les prochaines pages). Elle est ouverte à tous les enfants.
Le repas type des écoliers est en grande majorité composé de pain, de lard ou d'un plat unique venant de la maison et réchauffé sur le poêle de l'école, ou encore d'une soupe chaude bien épaisse faite à la cantine.
En général, l'organisation du repas du midi est laissée aux bons soins de l'instituteur (qui surveille également les enfants car il en a l'obligation). Puis, au fil du temps, c'est la femme du directeur de l'école qui devient la cantinière et qui a donc en charge les élèves sur le temps du midi.

Passons au XXe siècle
En 1936, intervient une obligation de construire un réfectoire dans toute nouvelle école et d'aménager celles qui existent déjà. Les cantines se trouvent surtout en ville, avec des repas mal équilibrés, un espace peu accueillant, reflétant souvent la pauvreté.
Durant la Première et la Seconde Guerre mondiale, les institutions charitables et les soupes populaires pour enfants se greffent sur l'école pour assurer un repas pour tous, le midi. Alors, c'est fou, mais il faut aussi savoir que pendant la Seconde Guerre mondiale, la cantine scolaire est un outil important pour la propagande du régime de Vichy. Le gouvernement encourage la fréquentation de la cantine scolaire car il la voit comme un moyen de contrôler les enfants et de leur inculquer les valeurs du régime. La cantine devient à cette période un lieu de contrôle de masse.

1945/1980 : LES RESTAURANTS POUR ENFANTS

Allez, continuons notre petit voyage dans le temps ! Cette période marque de grands changements dans l'évolution des repas du midi et c'est véritablement pendant cette période que le concept de « restaurant pour enfants » se développe.

Les années d'après-guerre

Après la Seconde Guerre mondiale, la cantine scolaire commence à se déployer plus largement. Alors que la France se reconstruit, la restauration scolaire s'intensifie ; l'alimentation des enfants devient une priorité. Dans cette continuité, en 1947, une loi met en place le ticket-restaurant dans le but de fournir des repas abordables et équilibrés dans les écoles primaires. Une participation financière des familles est demandée.

La fréquentation des élèves à la cantine n'est alors que de 15% ; pour te rendre compte de l'évolution, note qu'en 1980, ce sont 80 % des enfants qui profitent de ce service. Ainsi, entre 1945 et 1980, la population d'enfants qui mangent à la cantine a été multipliée par 5,5 (en seulement 35 ans !) ! Un véritable changement d'échelle !

Les repas de cantine sont de plus en plus diversifiés. Il y a une plus grande variété de légumes et de fruits. Les desserts sont également plus variés et comprennent des pâtisseries, des glaces et des yaourts.

Les années 1950 marquent la poursuite de l'intérêt de l'État français pour l'alimentation des enfants à l'école. Le gouvernement encourage la fréquentation de la cantine scolaire car il la voit comme un moyen de lutter contre la malnutrition et de favoriser l'égalité des chances (combat qui est d'ailleurs toujours mené à l'échelle mondiale). C'est en juillet 1951, lors d'une conférence internationale de l'instruction publique de l'UNESCO, qu'une recommandation est formulée : « Il faut qu'une cantine soit prévue lors de la construction de chaque nouvelle école. » La Ligue de l'Enseigne-

Le réfectoire pendant l'heure du déjeuner.
École de plein air du 2 boulevard Bessières à Paris. 1950.
L'architecture, le mobilier et les aménagements des écoles de plein air sont conçus pour prendre en compte la spécificité de ces établissements. Plus qu'ailleurs, le réfectoire est un lieu important dans l'organisation d'une école de plein air où les enfants bénéficient d'un repas équilibré et adapté à leur état de santé.
Ce dessin présente une grande salle, constituée de plusieurs tablées, et éclairée par de larges baies vitrées.

ment, soutenue par des diététiciens, forme alors un groupe de travail qui multiplie enquêtes et conférences, et publie en 1959 le premier *Cahier de l'éducation permanente*, traitant de la restauration pour enfants (allez, ça y est, voilà que je me prends pour Stéphane Bern !)
Cela peut paraître étonnant et juste improbable de nos jours, mais il faut savoir qu'au restaurant ou à la maison, à cette époque, la plupart des enfants consomment régulièrement de l'alcool à la cantine. Pour une raison simple, c'est qu'il y a encore plus de 23 000 communes qui ne sont pas desservies en eau potable (tu vois, c'est un peu comme pour nous : certains attendent la fibre... eh bien, eux, ils attendaient le raccordement à l'eau. Ce n'était pas le même délire, et surtout, on était sur des besoins de base pour l'hygiène et la santé...). Alors, naturellement, les gens s'hydratent avec de l'alcool. Soit dit en passant, dans les campagnes, à ce moment-là, beaucoup font leur propre vin. C'est en 1956 que le gouvernement prend une décision historique en interdisant la consommation d'alcool à la cantine, en disant : « Un très grand effort d'éducation des familles doit accompagner cette réforme. » Il faut quand

même se dire qu'on est alors en plein dans la France « du rouge qui tâche » et qu'un ouvrier peut boire, à l'époque, jusqu'à 5 litres par jour de piquette. Un « bon » exemple pour les enfants (tu noteras l'ironie puissance 10 !). Les parents sont quand même rassurés car ce n'est interdit que jusqu'à 14 ans, ouf !! Ils ont pu éviter quelques crises d'adolescence ! #humour

Le grand virage des années 1960

C'est à ce moment-là que la restauration scolaire devient un service public. Les communes sont responsables de la gestion des cantines. Les repas servis sont de plus en plus diversifiés et équilibrés. Les menus commencent à être élaborés par des nutritionnistes.

Et c'est ainsi qu'en suivant l'explosion démographique et le développement du travail des femmes à l'extérieur, de plus en plus d'élèves ont besoin de se restaurer, le midi, hors de chez eux. L'éducation à l'alimentation est enfin vue comme aussi importante pour l'avenir des enfants que l'éducation intellectuelle et physique (aah, l'éducation alimentaire, on y reviendra, car c'est encore un enjeu pour l'avenir). Le terme « restaurants d'enfants » apparaît officiellement pour la première fois dans la circulaire du 15 juin 1965 de l'Éducation nationale.

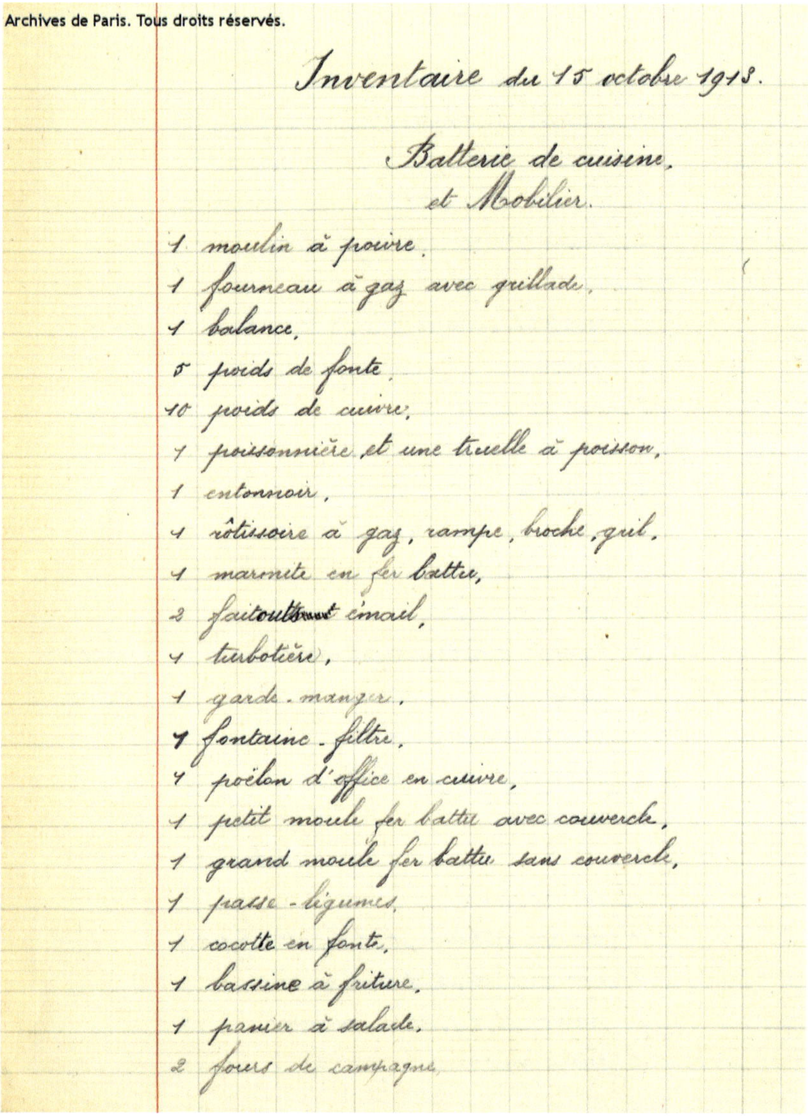

Inventaire du 15 octobre 1913.

Batterie de cuisine,
et Mobilier.

1 moulin à poivre.
1 fourneau à gaz avec grillade.
1 balance.
5 poids de fonte.
10 poids de cuivre.
1 poissonnière et une truelle à poisson.
1 entonnoir.
1 rôtissoire à gaz, rampe, broche, gril.
1 marmite en fer battu.
2 faitouts émail.
1 turbotière.
1 garde-manger.
1 fontaine-filtre.
1 poêlon d'office en cuivre.
1 petit moule fer battu avec couvercle.
1 grand moule fer battu sans couvercle.
1 passe-légumes.
1 cocotte en fonte.
1 bassine à friture.
1 panier à salade.
2 fours de campagne.

Inventaire, batterie de cuisine et mobilier d'une cantine d'école de Paris, 1913.

La mise en place d'une cantine scolaire est considérée comme un moyen de venir en aide aux plus démunis, tout en favorisant l'assiduité des élèves. À Paris, dès le milieu du XIXe siècle, une cantinière est chargée de réchauffer la nourriture apportée chaque matin par les élèves. Mais bientôt, un service de restauration collective s'organise, ce qui explique la nécessité pour les établissements de s'équiper d'une véritable batterie de cuisine.

Dans les années 1970, la cantine scolaire devient un véritable sujet de débat public. Certains parents et associations de consommateurs critiquent la qualité des repas. Ce n'est que le début, n'est-ce pas ? En 1971, l'Éducation nationale rédige tout de même la première circulaire (l'Éducation Nationale adore les circulaires !) sur l'alimentation de l'écolier. Elle rappelle les principes de la composition des menus et reste très centrée sur la lutte contre la malnutrition que subissent de nombreux enfants.

1980/2000 : LA CENTRALISATION ET LA PRIVATISATION DES CANTINES

Nous voilà arrivés dans un passé plus proche qui nous rend parfois nostalgique ! Désormais, la cantine scolaire est un service public à part entière, très bien implanté en France. La fréquentation des cantines scolaires est élevée et les repas sont plutôt de bonne qualité. On commence alors à rentrer dans un système d'entrée/plat/fromage/dessert avec, derrière les fourneaux, des personnels formés de plus en plus à la cuisine de collectivité.
D'ailleurs, j'ai une petite anecdote ! Tu vois, quand on me demande souvent « et toi tu mangeais bien à la cantine ? » (eh oui, je suis de 1980, alors je peux témoigner !), ma réponse est souvent : « euh... alors tu vas rire, mais je n'ai jamais été à la cantine ! C'est ma maman qui me faisait les repas tous les midis ». Mon intérêt pour les cantines n'était pas encore à l'ordre du jour !

Revenons à nos moutons : le gouvernement continue donc d'investir dans la restauration scolaire. Il met aussi en place des programmes éducatifs pour sensibiliser les enfants à l'alimentation saine et équilibrée. On ne parle pas encore de 5 fruits et légumes par jour (on y viendra quelques années plus tard), mais l'idée est de ne pas manger la même chose tous les jours, de ne pas mettre 1 kg de beurre pour 1 kg de pâtes (tu vois ce que je veux dire ?).

Mais cette période est surtout marquée par l'apparition des cuisines scolaires centralisées, dans le but de réduire les coûts de production, et par l'arrivée de la restauration collective privée : des collectivités concèdent la restauration scolaire à des sociétés privées de restauration collective mais les cantines publiques continuent de dominer largement, en termes de nombre et de fréquentation. Ce sont surtout les établissements scolaires privés qui font travail-

ler les entreprises de la restauration, lesquelles grapillent petit à petit le secteur public, surtout dans les grandes agglomérations.

Malheureusement, c'est aussi dans ces années que la malbouffe s'invite à la cantine, avec le développement de l'industrie agro-alimentaire qui envahit le marché avec des plats tout préparés et prémâchés ! Ce qui est assez curieux, c'est qu'en parallèle, le matériel de cuisine connaît une évolution technique sans précédent, offrant la possibilité de cuisiner encore mieux à la cantine. C'est un peu dingue, cette contradiction, non ?

2000 À NOS JOURS : LA NUTRITION À LA CANTINE

Le fameux PNNS

On s'approche à grands pas de nos jours actuels ; comme tu peux le constater, la cantine ne s'est pas faite en un jour et elle a connu plusieurs bouleversements, comme celui qui arrive en 2001 avec la création, par le ministère de la Santé, du PNNS : le Plan National Nutrition Santé, qui vise à lutter, entre autres, contre l'obésité et qui a pour principal objectif l'amélioration de l'état de santé de l'ensemble de la population, en agissant sur l'un de ses déterminants majeurs, la nutrition. L'apparition des menus équilibrés à la cantine, basés sur le PNNS, ça ne te dit rien ?? Si je te dis « 5 fruits et légumes par jour », là, tu vois mieux, non ? Eh bien, c'est lui !

Le PNNS est toujours d'actualité, bien qu'il ait connu plusieurs mises à jour depuis 2001 : en 2006, 2011 et 2019. La version 5 est bientôt à venir.

C'est à la suite du PNNS-3 qu'un décret est publié, le 2 octobre 2011, pour être tout à fait précis : ce dernier a pour but d'améliorer la qualité nutritionnelle des repas. C'est ainsi que des recommandations d'un point de vue nutritionnel sont faites par le Groupement d'étude des marchés en restauration collective et nutrition (le GEMRCN). Ce groupement est constitué d'experts, avec des représentants des pouvoirs publics, des professionnels de la restauration collective, des associations de consommateurs et des scientifiques. Ensemble, sur des bases d'études scientifiques, ils déterminent ce qui est bon ou pas pour la santé. Une de leurs premières recommandations est de « limiter la consommation de produits gras, sucrés et salés », qui se traduit par une obligation de mentionner cette phrase dans les publicités de produits alimentaires.

Ils mettent également en place le Nutri-Score dans la restauration collective. Le Nutri-Score, ça te parle ou non ? Il évalue la qualité nutritionnelle des produits alimentaires. Les étiquettes des produits vont de A à E et du vert au rouge. Le A est vert et a donc un indice top pour la santé, le E est rouge... et là, ça craint ! Ce Nutri-Score a pour but d'aider à choisir des produits favorables à la santé et, ainsi, d'espérer lutter contre les maladies, l'obésité et le diabète.

La loi Egalim

Le 2 octobre 2018 et le 18 octobre 2021 sont des dates qui marquent les dernières grandes évolutions pour une restauration scolaire responsable et durable : la loi Egalim et sa petite sœur, la loi Egalim II, sont adoptées. Alors, à part si tu vis dans une grotte coupée de tous liens avec le monde, tu as dû en entendre parler ! Bon, rassure-toi, je ne vais pas rentrer dans les détails car c'est une loi qui couvre tout le domaine de l'alimentation allant de la production à la consommation. Elle vise à transformer le secteur agricole et alimentaire français.

Les principales mesures concernant la cantine sont les suivantes :

- 50 % de produits durables ou de qualité, dont 20 % de produits bio (en valeur) ;
- un repas végétarien par semaine ;
- la lutte contre le gaspillage alimentaire ;
- une information des usagers (affichage des produits durables sur les menus) ;
- l'interdiction du plastique d'ici janvier 2025.

Voilà donc comment on en est arrivé à la restauration scolaire d'aujourd'hui, avec une forte prise de conscience de l'importance de l'alimentation pour la santé des jeunes, une certaine rigueur dans la construction de menus plus diversifiés et équilibrés, une considération des enjeux de la crise climatique et (ahhhhh, j'allais oublier) une évolution du service à la cantine ! En effet, dans les années 2000/2010, les self-services et les buffets apparaissent dans les restaurants scolaires, bien souvent réservés aux élèves de collège et lycée qui arrivent à s'autogérer pour se servir à leur propre faim (sujet que j'aborderai dans le chapitre sur le gaspillage alimentaire, tu comprendras pourquoi).

C'est que je tiens à conclure cette « histoire de la cantine » par un sujet qui me tient particulièrement à cœur, un combat qui n'est apparu que trop récemment, la lutte contre un fléau écologique et économique : le gaspillage alimentaire. Des moyens et des actions de sensibilisation sont mis en place à l'échelle nationale et suivis par de plus en plus de collectivités. Je vais bien évidemment t'en parler dans le détail, plus loin dans ce livre.

TEAM

Bon à SAVOIR

DEPUIS QUAND MANGEONS-NOUS AVEC DES COUVERTS ?

Tiens, tiens ! En voilà une bonne question ! Après des heures, des minutes et pas mal de secondes passées à faire des recherches, j'en suis arrivé à la conclusion qu'avant, on mangeait avec les doigts. (Surtout, ne me remercie pas, c'est cadeau !)

Une autre GRANDE question me vient tout de suite à l'esprit, en rapport direct avec le sujet : depuis quand et pourquoi utilise-t-on encore aujourd'hui les fameux verres numérotés dans lesquels on croit voir son âge ? C'est un « trend » imaginé par les élèves à l'époque de l'apparition massive de ces verres (je te raconterai tout ça en détail, ensuite, promis !). Et d'ailleurs, qui a eu l'idée de dire que c'était un âge ?

Tant de questions importantes auxquelles je me dois de répondre dans une absolue précision, l'enjeu est grand ! Après l'histoire des cantines, je t'emmène maintenant avec moi pour un voyage dans le temps, la découverte des étapes clés de l'histoire de l'évolution de l'Homme qui ont façonné nos habitudes à table !

LE COUTEAU

Commençons par le commencement ! En un claquement de doigts, te voilà rendu à l'époque préhistorique (eh oui, j'ai ce pouvoir !) : c'est bien à cette période qu'apparaissent ce que l'on peut considérer comme les premiers « couverts » de l'histoire ; ces ustensiles servant à se nourrir ont été datés du Paléolithique inférieur (soit la période comprise entre 3,3 millions d'années et 300 000 ans avant J.-C.). Nos ancêtres fabriquent de petits outils en pierre taillée, en forme de galets, qui servent à couper et racler la nourriture, en particulier la viande. Ce sont en fait les ancêtres des couteaux ; ils sont donc les premiers ustensiles à pouvoir être considérés comme des « couverts ».
Le couteau est, par ailleurs, un des plus vieux objets de l'histoire de l'humanité. Eh oui, ça date ! On peut en déduire qu'il n'y a pas encore de cuillères et de fourchettes, au temps des peintures rupestres ! Elles feront leur apparition plus tard dans l'histoire. Ne t'inquiète pas, tu vas vite savoir quand, en lisant la suite !

LA CUILLÈRE

Il faut attendre l'âge de bronze (2 700 ans avant J.-C.) pour voir apparaître les premières cuillères. Elles sont fabriquées en bronze, en bois ou en os. (Tiens, et si on remettait l'os au goût du jour pour en faire des couverts, ça éviterait des déchets ! En voilà une idée durable ! « Alors, aujourd'hui, les enfants, on vous a mis des cuillères en os de cuisse de poulet, haha ! » Euh... bon, c'est peut-être pas une bonne idée !)
Bref, pour en revenir à nos moutons, les cuillères ont pu rapidement découler de n'importe quel objet destiné à prélever des liquides. Le mot latin *cochlearium* est d'ailleurs un dérivé de *cochlea*, « coquille d'escargot ». On comprend ainsi que les cuillères, dès l'origine, ont le rôle de petit contenant. Elles servent surtout à faire la cuisine et servir les plats, avant d'être progressivement adoptées pour qu'on puisse manger avec les « couteaux », qui ont eux aussi évolué. Couteau + cuillère : joli service ! L'être humain progresse et devient plus outillé ! Cependant, le terme de « couverts » n'existe pas encore. Suspens...

LA FOURCHETTE

C'est assez curieux mais la fourchette, elle, s'est fait attendre quelques centaines d'années supplémentaires. Pourtant, dans la Grèce antique, même si le dieu de la mer et des océans Poséidon brandissait un trident, les Grecs utilisaient leurs mains pour se nourrir, des cuillères pour servir les sauces du plat collectif ou des pointes de couteaux pour piquer la nourriture et la mettre à la bouche. Mais point de fourchettes !

Les premières traces de l'objet utilisé comme tel apparaissent à Constantinople, vers 350 avant J.-C., puis on retrouve celui-ci à partir du VIIIe ou IXe siècle, manipulé par les nobles perses. Son usage a aussi été observé dans l'Empire byzantin au XIe siècle, sur des manuscrits illustrés montrant des hommes à table, maniant un instrument à deux dents. Ce dernier est principalement utilisé pour la cuisson et pour saisir des morceaux de viande (voir « La petite histoire des barbecues » dans le livre *Secret de bouffe*, bientôt chez ton libraire, en 2035 #humour).

Les fourchettes sont ainsi introduites en Europe, bien des années plus tard, au XIe siècle, par le biais de l'Italie, probablement grâce aux échanges commerciaux avec l'Empire byzantin. Leur usage reste cependant limité à la haute société, qui utilise déjà le couteau et la cuillère. On pourrait dire qu'à cette époque, ces ustensiles sont des signes extérieurs de richesse.

L'origine du terme « couvert »

Elle remonte à l'époque du Moyen Âge et vient du verbe latin *cooperio*, « couvrir entièrement ». On couvre d'un linge les plats de nourriture et les boissons destinés à tout personnage de grande importance.

Par extension, on utilise le mot « couvert » pour tout ce qui couvre la nappe posée sur les tables... y compris nos fameux ustensiles remplaçant les doigts pour se servir.

Bien plus tard, l'Époque moderne (du XVIe au XVIIIe siècle) voit l'essor de la manufacture et la production en série des couverts. Les matériaux se diversifient : acier, argent, vermeil... Les couverts deviennent un élément important de l'art de la table et reflètent le statut social de leurs propriétaires. Ce sont de nouveau les catégories « aisées » qui profitent de ces accessoires pour manger.

Il faudra attendre le XIXe siècle pour voir ceux-ci se populariser grâce au développement de l'industrialisation ; c'est seulement à partir de ce moment-là qu'ils se retrouvent sur les premières grandes tables de cantines !

ET LE VERRE DE LA CANTINE, ALORS ?

Ah, ce fameux verre de la cantine ! Notre madeleine de Proust à tous et toutes !
Pour le petit côté historique, notons que c'est l'entreprise française Saint-Gobin qui, en 1943, met au point un procédé innovant de trempage du verre. Ce verre trempé, deux fois plus résistant que le verre ordinaire, est baptisé Pyrex® et trouve rapidement des applications dans divers domaines, dont la fabrication de vaisselle. C'est en 1946 que Duralex, filiale de Saint-Gobin, commercialise le premier verre Gigogne (oui, oui, c'est bien ce nom qui a été donné à notre fameux verre). Alors bien évidemment, ce verre, de par sa résistance et son faible coût, se retrouve rapidement sur toutes les tables de nos chères têtes blondes qui fréquentent la cantine. Le succès est immédiat ! Et comme tout succès, il a ses légendes, dont la fameuse légende des numéros !
L'idée que le numéro inscrit au fond indique l'âge du buveur se propage parmi les écoliers français fréquentant les cantines. Il sert en réalité à identifier le moule dans lequel le verre a été fabriqué. Eh bien non, finalement pas de mystère dans cette histoire ; mais l'imaginaire et le jeu peuvent continuer pour le plaisir des enfants !

QUID DU PICHET ?

L'origine du pichet remonte à des siècles et des temps anciens et l'origine de son étymologie est complexe. Tout ça pour y mettre juste de l'eau et se rafraîchir à la cantine ! Ah, mais vois-tu, il est si important de s'hydrater que je ne pouvais pas passer à côté de son histoire !
Le mot « pichet » vient de l'ancien français « pichier », lui-même dérivé du bas-latin *bacarium* ou *becarius*. Ce dernier est issu d'un diminutif grec ancien *bikarion*, signifiant « amphore à vin ». Tu vois, je t'avais prévenu, ce n'est pas simple !
À l'origine, le pichet sert uniquement du vin mais, heureusement, les pratiques ont évolué et on y retrouve juste de l'eau dans nos cantines (oufff !). Mais attention, selon la région dans laquelle on habite, on utilise d'autres termes pour le désigner ; sinon, ce serait trop facile !

Voici donc la carte des pichets de France.

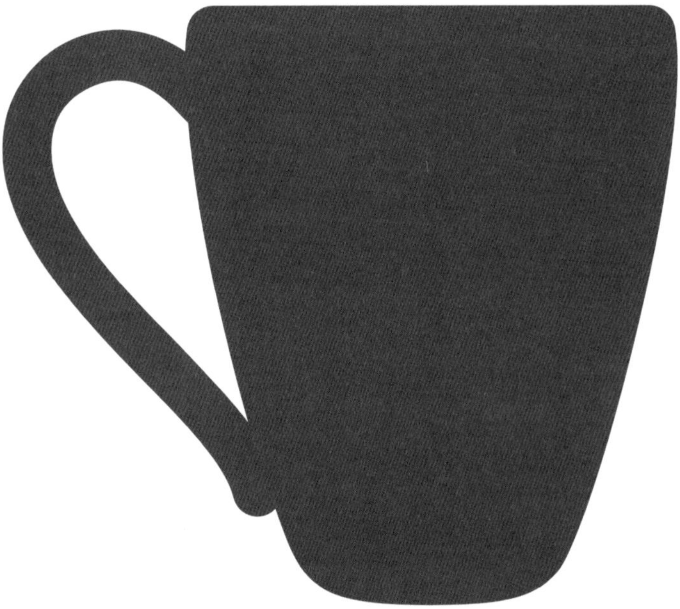

2

Souvenirs de **cantoche**

C'était un dimanche matin de janvier, je courais avec mon épouse et une amie que je vais appeler Martine. Dans la conversation (oui, on discute en courant, nous sommes de vrais sportifs du dimanche !), Martine me demande comment j'en suis arrivé à faire des vidéos, on parle de cantine et je lui demande naturellement : « Alors, qu'est-ce qui t'a marquée, toi, quand tu allais à la cantine ? » Elle me raconte des choses que moi, forcément, je n'ai pas connues et qui m'ont grave intéressé ! J'étais, à ce moment-là (non, pas quand je courais, voyons !), en train d'écrire le chapitre « La petite histoire de la cantine » ; alors ça a fait tilt et je me suis mis en tête de récolter des témoignages d'époque, au hasard de mes rencontres sans forcer le destin ! Les voici, les voilà : une autre façon de voyager dans le temps !

1940/1950

ELLE : « Un souvenir de cantine, dites-vous ? Si j'en ai ? Alors oui, vraiment, ça je m'en souviens comme si c'était hier. Moi, je n'ai été à la cantine qu'au moment de rentrer au collège et ma mère fut très étonnée quand la directrice lui a annoncé, lors de l'inscription, qu'il y avait de la viande à tous les repas. Nous, la viande, on n'en mangeait que très peu dans la période de l'après-guerre. Et aussi, faut dire qu'à l'époque on ne parlait pas d'intoxication alimentaire, et pourtant, les règles d'hygiène n'étaient pas les mêmes ! »
MOI : « Je vous demande ça car j'écris, en ce moment, un livre sur le monde des cantines et je récolte quelques témoignages. Donc je vous remercie. Puis-je vous citer ? »
ELLE : « Oui, bien sûr. Et vous ne me demandez pas mon âge ? J'ai 84 ans et vous savez pourquoi je suis là ? Et en plus, je suis venue en vélo ! (*Moi, vois-tu, je n'ai pas le temps de répondre, elle cause beaucoup et elle pète le feu !*) Car ça fait 40 ans que je ne mange plus de viande et que je mange bio, ça fait réfléchir, dites-moi ! »
Jeanine, 84 ans, professeure des écoles à la retraite, rencontrée un jour de juillet, lors d'une conférence sur la réduction des déchets.

1950/1960

« Moi, je n'ai que des bons souvenirs de la cantine ! À l'école de mon village, c'était pourtant exactement les mêmes repas, chaque semaine, et ça commençait toujours par une assiette de saucisse purée, le lundi. C'était toujours bon puis, quand j'ai été interne ensuite, eh bien celles et ceux de l'internat étaient favorisés par rapport aux demi-pensionnaires : on avait du rab et les menus du soir étaient plus généreux. Ça nous réchauffait le moral car être interne n'était pas toujours facile ! »
Liliane qui se reconnaîtra en lisant ces quelques lignes

1960/1970

« Ah si, moi je mangeais à la cantine ? Oh que oui, je l'ai vécue, la cantine, pendant tout mon internat de 64 à 71 ! Et je n'ai pas de bons ou mauvais souvenirs : haha, on survivait, on se balançait la purée à travers le réfectoire et ça énervait passablement les cantinières ! Et bon, si je suis là encore à vous parler, c'est que ce n'était pas si mal ! »
Retraité anonyme rencontré un matin à la boulangerie

« J'ai le souvenir que l'on devait apporter chaque jour notre serviette en tissu à carreaux, et qu'à l'intérieur, mes parents y mettaient deux tartines de pain car, oui, ni le pain ni la serviette n'étaient fournis par la cantine. J'avais une maudite boule au ventre quand c'était le jour de la bouillie, mélange épais de lait et de farine, quand les fins de mois étaient difficiles pour la cantine. Et même parfois les parents faisaient des dons en fruits et légumes, s'ils avaient du surplus de récolte, et la cantinière les cuisinait pour nous. »
Martine, Bressuire (79), le 14/01/2024, interviewée lors d'un footing matinal

« Aah, la cantine ! Eh bien, je n'ai ni de bons souvenirs ni de mauvais souvenirs à m'en dégoûter. Il y avait bien ce gros pavé de langue de bœuf, avec sa sauce madère bien épaisse, qui était servi par des cantinières qui me faisaient peur alors qu'elles n'étaient pas méchantes. C'était juste physique, de mon œil d'enfant. C'était de grandes tablées rectangulaires et les plats y étaient déposés au milieu ; mais attention, pas touche ! Car c'était bien aux dames de la cantine de nous servir, elles étaient à l'écoute selon la faim et les besoins de mes camarades. »
Aurélie, à l'accueil des studios France Bleu Poitou, le 22/02/2024

1970/1980

« Alors là, s'il y a bien un foutu souvenir de cantine qui est resté gravé dans ma mémoire, c'est bien celui-là : on m'avait forcé à manger des endives béchamel et j'avais tout vomi en plein milieu du réfectoire ! Depuis ce maudit jour, je n'ai jamais retouché à une endive cuite de ma vie, merci la cantine ! »
Pierre de l'infini, sculpteur de héros dans les Deux-Sèvres

1980/1990

« Un détail dont je me souviens et qui est pour moi insolite : à la cantine que fréquentaient mes filles, dans le village de Noirterre, nous avions la possibilité de donner des fruits et légumes du jardin pour faire baisser le prix à payer pour la cantine et beaucoup de parents profitaient de cette possibilité, ce n'était pas négligeable. Mais, malheureusement, un jour, quand la cantinière qui cuisinait tout sur place est partie à la retraite, la grande ville a pris le contrôle de la restauration en livrant chaque jour les repas provenant d'une cuisine centrale… »

Liliane qui parle de ses enfants, lesquels se reconnaîtront aussi

1990/2000

« Je n'ai pas un souvenir très ouf de la cantine quand j'étais petit… Déjà, je me retrouvais très souvent tout seul à table, le midi. Et s'il y a bien un truc qu'on nous donnait et que je détestais par-dessus tout, je m'en souviens, c'était la crêpe au fromage mais sans fromage à l'intérieur, juste une matière blanche beaucoup trop épaisse ! En plus, quand la cantinière nous les servait, une fois sur deux ça restait collé au papier sulfurisé ! Bref, la cantine ne m'a jamais laissé de bons souvenirs. »

Ahmed Sylla, Paris, le 17/01/24, rencontré sur le plateau de « La Maison des Maternelles »

« Moi, j'ai été traumatisé quand j'avais 5-6 ans, à la cantine, par cette phrase : "Tu ne pleures pas et tu manges tout !" J'ai connu un choc gustatif car je venais tout juste d'arriver en France avec mes parents, et quand j'étais encore dans mon Maroc natal, j'avais l'habitude de manger très épicé… Après, à la cantine, tout me paraissait très fade. »

Farath, community manager dans un lycée de Charente Maritime

« Alors, si je me souviens bien d'un truc, c'est que le jour des glaces en bâtonnets, eh bien j'avais le droit à une vulgaire compote ou un fruit... et pour cause, j'étais allergique aux fruits à coque comme les amandes, les noix... Mais un jour, encore un jour de glace, je m'en souviendrai toute ma vie, les cantinières m'avaient préparé, rien que pour moi, une coupe avec une boule de glace et de la chantilly !! Je leur dis merci, elles se reconnaîtront peut-être. »
Mathis, assistant vétérinaire à Montcoutant (79)

2000/2010

« Je me souviens d'un super cuisinier qui, en voyant les élèves, se souvenait de nos habitudes alimentaires. Je n'étais pas végétarienne mais il avait remarqué que je mangeais très peu de viande, à l'époque. Il me servait souvent du végé, qui était une vraie option réservée à un petit nombre d'élus, et qui coûtait même plus cher.
Je bossais chez McDo, en plus de mes études, pour les financer et je ne pouvais pas me permettre de financer ce supplément.
Il avait aussi vu que je subtilisais ce que je ne mangeais pas (pain, fruit et certains fromages sous cellophane, plus par économie que par besoin car, chez McDo, le repas est compris). Il avait mis en place une panière au range-plateau. Je me servais avant que cela fasse le grand saut dans la poubelle. (Mais il n'y avait pas que moi, au final, qui me servais...)
Emylie, extrait d'un commentaire Facebook

« Hello ! Je me souviens que les cuisiniers s'appelaient Gilles et Hervé ! Alors, tous les midis, c'était "Bonjour Gilles, bonjour Hervé !" Des sourires, de la bonne humeur ! »
uOuew, live Instagram, 27/04/24

Et toi, c'est quoi, ton souvenir ? Car on a presque tous un souvenir de cantine. Oui, je dis presque tous... et tu sais pourquoi ? Car – c'est bien le comble de toute cette histoire – moi, je n'allais pas à la cantine et je n'y suis jamais allé avant le lycée. Ensuite, franchement, au lycée hôtelier, ce n'était ni bon ni mauvais ; pas de chose transcendante qui aurait mérité ce genre de témoignage !

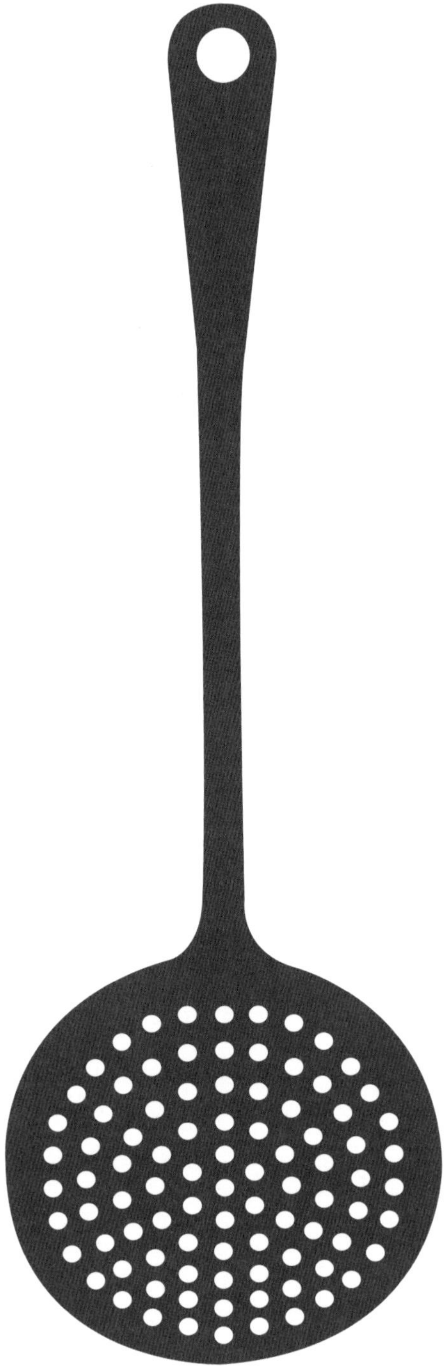

3

Le système de **restauration scolaire**, en France

Attention ! Accroche-toi bien car ça devient technique (enfin, pas trop non plus : je n'ai pas envie de te perdre en si bon chemin, dans mon voyage à travers ce monde). Surtout°, c'est un chapitre important pour comprendre les différences entre toutes les cantines sur notre territoire, que ce soit au niveau des tarifs ou au niveau de la qualité.

° Il s'agit, ici, des établissements d'enseignement public. Le fonctionnement des établissements privés peut être tout autre et je ne le connais pas.

QUI FAIT QUOI ?

Chaque collectivité publique, de la petite mairie à celles des grandes agglomérations, se répartit la prise en charge de la restauration scolaire en fonction du degré des établissements, selon les trois grandes étapes de la vie scolaire :

- Les mairies et les agglomérations doivent fournir ce service aux écoles primaires et maternelles.
- Les départements, sous la coupe du Conseil départemental, sont en charge de la restauration des collèges.
- Les régions, avec le Conseil régional, s'occupent des lycées.

Les restaurants universitaires sont, pour leur part, gérés par les CROUS – Centres régionaux des œuvres universitaires –, qui sont sous la tutelle du ministère de l'Enseignement supérieur.

Pour chaque niveau de collectivité, il existe deux modes principaux de gestion de la restauration scolaire :

- la gestion publique, qui est donc gérée de A à Z par la collectivité en charge ;
- la gestion privée, via des sociétés de restauration collective plus ou moins importantes selon le choix de la collectivité.

Ce sont en fait les politiques locales qui décident, un peu à l'image d'un directeur d'école privée, si la restauration scolaire sera autogérée ou déléguée aux sociétés privées sous contrat de marchés publics. C'est un peu arbitraire, dit comme ça, mais c'est la vérité.

CAS DE LA GESTION PUBLIQUE

La gestion directe par les collectivités est majoritaire, avec plus de 60 % des écoles qui gèrent leur service de restauration en régie directe. Ce chiffre est relativement stable depuis de nombreuses années. On aura tendance à remarquer que la gestion directe est plus présente dans les petites communes et, au contraire, moins dans les grandes agglomérations. Ce choix – très important pour les communes – dépend des budgets disponibles et du personnel sur place. C'est une stratégie qui doit être mise en place à long terme, pour faire au mieux et pour délivrer un service de restauration scolaire de qualité.

CAS DE LA GESTION PRIVÉE : LA PROCÉDURE D'APPEL D'OFFRES ET DE MARCHÉ PUBLIC

Le choix des sociétés de restauration s'effectue par un appel d'offres pour un marché public. Ah ! Le fameux marché public qui – comme son nom ne l'indique pas – n'est pas ouvert à tous et n'a rien à voir avec l'image que l'on peut se faire d'un marché du dimanche ! Pour faire simple, un marché public est un contrat à titre onéreux (donc rémunéré – c'est un terme technique pas facile à comprendre, oui, oui, je sais), passé entre une entité publique et une entreprise privée qui lui fournit les services demandés. Ce système a été adopté pour des raisons éthiques, pour éviter tout favoritisme et toute prise illégale d'intérêts. Ce marché est soumis à un appel d'offres : plusieurs sociétés sont mises en concurrence et le choix se fait fonction du meilleur rapport qualité/prix/service.

Les marchés publics concernent aussi tout ce qui est lié aux achats dans le secteur de la fonction publique (alimentation, matériel, maintenance).

LES CANTINES AUTOGÉRÉES

Oups, j'allais oublier ! Certaines petites cantines d'une capacité de 50 à 200 élèves sont parfois gérées directement par des associations de parents d'élèves. Eh oui ! C'est incroyable, mais ce sont bien des parents bénévoles qui se chargent de préparer les repas, de gérer les commandes et les stocks, d'entretenir les locaux. Leurs motivations à reprendre la gestion de la cantine scolaire sont variées : certains souhaitent offrir une alimentation de meilleure qualité aux enfants, en privilégiant les produits locaux et biologiques. D'autres souhaitent également s'impliquer dans la vie de l'école et celle de la communauté locale. Pour encadrer et promouvoir cette démarche, il existe une association nationale regroupant les cantines autogérées : l'Association nationale des cantines autogérées (ANCA). Elle a pour objectif de soutenir les associations de parents d'élèves qui souhaitent se lancer dans cette démarche.

LE CAS DES LYCÉES AUTOGÉRÉS : DES PROFS ET DES ÉLÈVES IMPLIQUÉS

Il existe aussi des cantines autogérées par des élèves et des professeurs. En France, on compte peu d'initiatives de ce type, mais à Paris un lycée autogéré existe depuis 1982 ; c'est une alternative pédagogique qui convient à certaines familles et à certains élèves. Dans ce type de lycée, il n'y a pas de proviseur, de CPE ou de comptable. C'est aux élèves et aux profs que reviennent toutes les décisions concernant l'organisation du lycée (règles de vie, horaires, gestion...). Réunis en assemblée générale chaque semaine, ceux-ci discutent de tout et votent les décisions. La règle du jeu : l'avis d'un élève a autant de poids que celui d'un professeur. Si le lycée tourne, c'est grâce à l'implication de toutes et tous. Nettoyage des salles, entretien du jardin, préparation des repas : les tâches sont réparties par groupes. Intéressant, non ?

Les lycées Montessori ont également un projet pédagogique qui prévoit de faire participer les élèves à la cantine, avec une approche plus large et exhaustive incluant la culture, le maraîchage, le soin des animaux, la gestion des produits alimentaires, leur préparation... allant même jusqu'à la vente de leurs productions et fabrications.

Cuisine centralisée ou non ?
Dans certaines collectivités, la cuisine est dite « centralisée », c'est-à-dire qu'elle produit des repas pour plusieurs établissements et les livrer soit en liaison froide (les plats chauds sont cuisinés à l'avance, refroidis puis réchauffés sur place au moment du service), soit en liaison chaude (les plats chauds sont cuisinés le jour-même, puis transportés dans des Thermoport®, sortes de grosses glacières avec des moteurs à four, et ensuite, servis directement).

Il pourrait être facile de penser que la cuisine centralisée est de mauvaise qualité. Ce n'est pas si sûr ! On peut tout à fait bien cuisiner avec ce type de production. Imagine bien que le matin, quel que soit le mode de fonctionnement, on cuisine presque tout à l'avance et l'on maintient à température les plats chauds dans des étuves et les préparations froides dans de grandes chambres froides. Qu'est-ce qui change alors, en cuisine centralisée ? Eh bien, le temps pendant lequel les plats, au lieu de rester au froid ou au chaud sur place, sont transportés vers les réfectoires, aux mêmes températures de conservation et de maintien. Je te renvoie, pour en savoir encore plus, au chapitre « Préjugés sur la cantine : mes réponses » (p. 221).

À RETENIR

Allez ! je vais être sympa, voici un schéma pour y voir plus clair. Même moi je m'y perds, parfois !

LA RESTAURATION SCOLAIRE

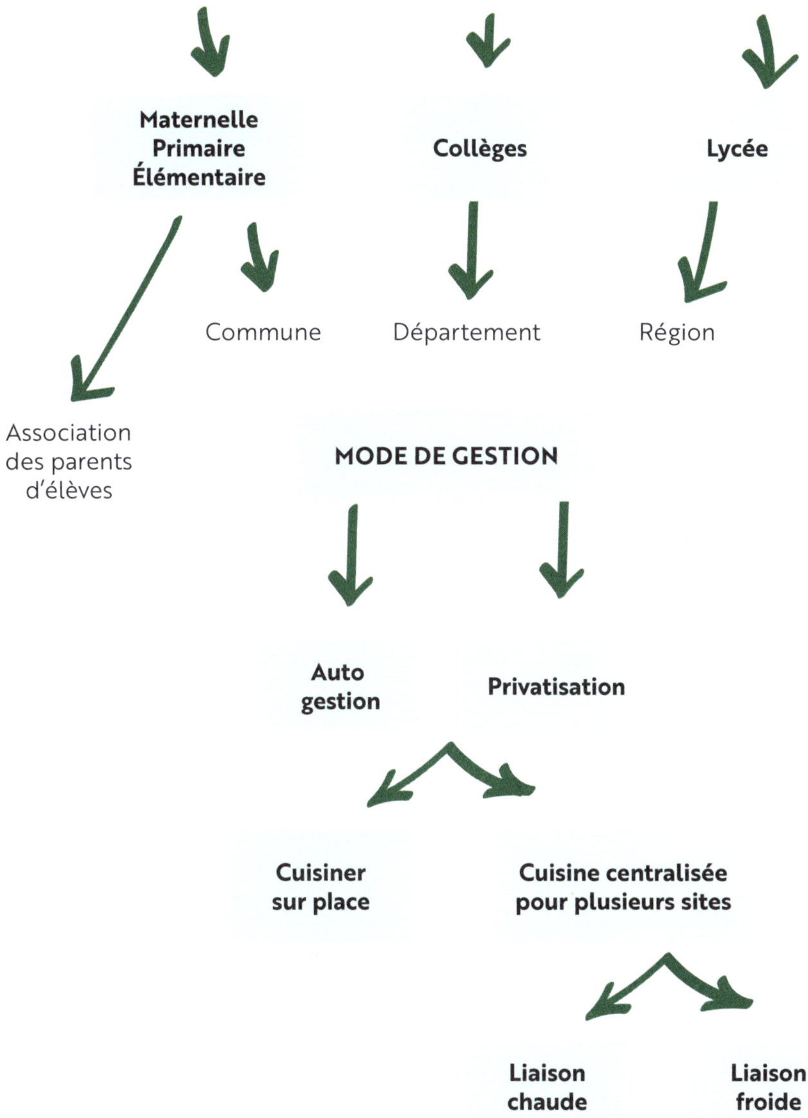

QUI PAIE QUOI ?

Bon, alors, c'est bien joli tout ça, mais qui paie quoi dans l'histoire ? Ce livre ne suffirait pas à l'expliquer. Je rappelle juste que nous sommes en France, le pays de la « simplicité administrative »... somme toute très relative. En gros, le prix moyen d'un plateau-repas dans les cantines françaises publiques oscille entre la gratuité, le prix fixe à 1 euro pour tous et 6 ou 7 euros. Il est souvent défini en fonction du revenu des foyers (formalisé par le fameux indicateur nommé « quotient familial »), pour les écoles maternelles, primaires et élémentaires, mais aussi parfois pour les collèges et lycées. Il est important de préciser que c'est chaque collectivité qui décide de ses propres tarifs et grilles indiciaires pour le calcul du quotient familial. Ce système de tarification est en passe d'être mis en place par la majorité des collectivités régionales qui gèrent les lycées (petit rappel qui ne fait pas de mal : les lycées sont gérés au niveau de la région).

Cette tarification en fonction du quotient familial, dite « tarification sociale », est encouragée par l'État avec un tarif de 1 euro pour les familles les plus modestes. Dans ce cas, l'État verse aux collectivités le manque à gagner. Cette politique tarifaire a pour but de donner accès à une restauration quotidienne au plus grand nombre. Elle a été adoptée en 2024 par plus de 63 % des collectivités. (C'est une bonne nouvelle mais il reste, cependant, encore de la marge !)

J'entends souvent dire que « la cantoche, ça coûte un bras et les enfants se plaignent de la qualité des repas servis ». Si tu penses cela, toi aussi, tu n'as pas tout à fait tort (surtout quand la prestation n'y est pas), mais tu n'as pas tout à fait raison non plus car le véritable coût de la restauration est tout autre et bien au-dessus de ce que paient les familles. En général, les collectivités prennent à leur charge entre 50 et 75 % du prix du repas. Le coût de revient total d'un repas à la cantine avoisine les 10 euros, en 2024. Il comprend l'énergie (le chauffage, l'électricité, le gaz, etc.), l'énergie humaine (il en faut de l'énergie à ce niveau-là, je te le dis, moi !), donc les salaires du personnel de cantine, les achats alimentaires, le transport, le matériel nécessaire... (Tu n'imagines pas tout ce dont on a besoin pour faire à manger et servir autant de bouches !) Je te dévoilerai tout le *matos* dans un prochain chapitre intitulé « L'organisation en amont ».

Les investissements matériels dans les cantines sont importants pour garantir la qualité ainsi que la sécurité alimentaire des élèves. En effet, des équipements modernes fonctionnels et bien entretenus contribuent à la sécurité tant des enfants que du personnel (c'est important pour nous qui nous occupons de la préparation, du service, de pouvoir travailler dans des conditions optimales, en facilitant nos gestes, préservant notre santé et notre bonne humeur ! Cela contribue à faire de bons petits plats, en y mettant encore plus tout notre cœur !).
Il est évident que le coût est supérieur si la restauration scolaire est privatisée, car les entreprises de restauration collective ont besoin de dégager des bénéfices pour gagner leur vie : cela reste du business et c'est compréhensible.
Voilà, maintenant que tu connais les bases du fonctionnement général de la restauration scolaire en France, je vais t'emmener au vent par-dessus des gens (c'est bon, t'as la réf ?), en immersion dans la cantine, pour en savoir encore plus sur ce monde qui est fréquenté par des milliers d'élèves chaque jour.
Tu verras, tu seras incollable dans les prochaines rencontres avec d'autres parents et tu pourras comprendre ce que vivent tes enfants ou ceux de ton entourage.

LES DÉPENSES

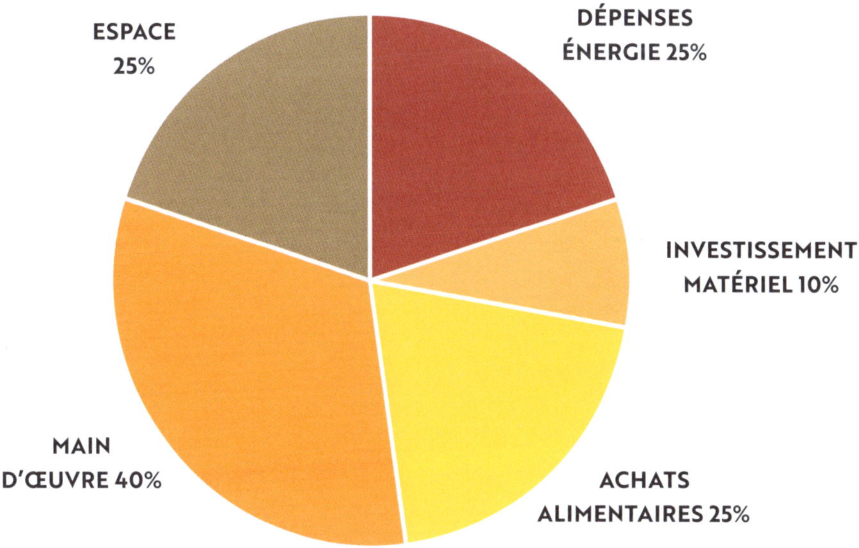

4

Et ailleurs **dans le monde** ?

Ah oui, dans le reste du monde, ça se passe comment, la cantine ? (On aime bien se comparer à nos voisins et on pense souvent que c'est mieux ailleurs...) Rassure-toi, je ne vais pas te faire toute la liste des pays de la Terre mais je t'en ai déniché quelques-uns dans lesquels des systèmes différents sont adoptés. Cela me semble intéressant car, dans ces exemples, certains le sont vraiment (des exemples) et d'autres beaucoup moins. Et c'est en cela qu'ici, en France, nous pouvons éventuellement nous inspirer des vrais, afin d'améliorer encore notre système de restauration scolaire.

EN SUÈDE

C'est l'un des systèmes de restauration collective scolaire les plus efficaces et les plus sains au monde. Dans ce pays, l'accès à la cantine est gratuit pour tous les enfants scolarisés, de la maternelle au secondaire ! Ce sont exclusivement les communes qui gèrent la confection des repas et l'embauche du personnel. Les repas et menus sont pensés et établis par des nutritionnistes qui suivent les recommandations du Plan Nutrition National de Suède.

Dans les très grandes agglomérations, les cuisines sont centralisées. Tiens-toi bien, c'est dans la ville d'Örebro que se trouve la plus grande cuisine centrale de Suède. Disposant d'une surface de 5 000 m², équipée de matériaux de pointe comme des fours vapeurs, robots culinaires, sauteuses géantes (cocotte-minute XXL) et de lignes d'emballage automatisées (c'est un système composé de machines qui permet de conditionner des plats préparés de manière automatisée, via différentes étapes : le remplissage, le scellement et l'étiquetage des plats) et embauchant plus de 25 cuisiniers, elle ne fournit pas moins de 10 000 repas de qualité par jour aux élèves allant du primaire au secondaire !

Les cantines suédoises proposent également, tous les jours, des plats végétariens pour sensibiliser les élèves à l'alimentation végétale, contribuant ainsi à promouvoir une alimentation durable.

La fréquentation des cantines suédoises dépasse les 90 %. C'est sans nul doute un signe de système efficace, avec un réel service public, du fait de la gratuité.

EN BELGIQUE

La cantine est encadrée par la loi du 3 août 1998 sur l'enseignement obligatoire à l'école. Cette loi prévoit notamment que les écoles doivent offrir la possibilité aux élèves de prendre un repas chaud sur le temps du midi.

Comme en France, les cantines sont gérées directement par les communes et les provinces, ou confiées à des entreprises de restauration collective privées. Une des particularités du système belge, c'est qu'il repose sur un service public gratuit pour les élèves qui viennent de familles à faibles revenus.

Plus de 85 % des enfants scolarisés fréquentent la cantine et le prix moyen d'un repas est de 3,50 euros. En conclusion, c'est un système similaire, dans les grandes lignes, à celui de la France, à la différence près qu'il offre une gratuité pour les familles en difficulté.

EN NORVÈGE

L'insolite dans ce pays se trouve particulièrement dans la ville d'Oslo qui a mis en place un système avant-gardiste et qui pourrait donner des idées à certains ! Les élèves commandent leur menu directement en ligne. Ils choisissent ainsi les repas en fonction de leurs goûts et de leurs besoins. Un bon moyen de lutter contre le gaspillage alimentaire en anticipant les besoins. Mais attention, malgré tout, à certains travers et risques de cette solution de commande qui peut engendrer la consommation de repas non équilibrés au quotidien ; mais si les choix proposés le sont, alors pourquoi pas ? Sans oublier que c'est un système qui impacte un coût supplémentaire en abonnement et en maintenance informatique : il peut être absorbé par les économies réalisées grâce à un gaspillage alimentaire moindre.

Cet exemple d'Oslo est anecdotique en Norvège car il y a seulement 10 % des écoles qui proposent un service de restauration aux élèves. En effet, dans ce pays, il y a la tradition du *matpakke*. Il s'agit généralement d'une boîte ou d'un sac à *lunch* qui contient du pain, des tartines, des fruits, des légumes et des boissons. Sa préparation fait partie de la routine matinale des familles norvégiennes. C'est aussi l'occasion pour les parents de s'impliquer dans l'alimentation de leurs enfants et de leur faire découvrir de nouvelles saveurs. Il faut savoir que l'éducation nutritionnelle est une partie importante du programme scolaire norvégien. Les élèves apprennent à faire des choix alimentaires sains et à adopter une alimentation équilibrée. Cette éducation est essentielle pour lutter contre l'obésité et d'autres problèmes de santé. Sûrement un bel exemple à suivre, de ce côté-là !

AU CANADA

Bon, au Canada, bien que ce soit un vaste pays, eh bien ce n'est pas le meilleur système de restauration scolaire au monde pour les raisons suivantes.

C'est généralement un service public (cela dépend des provinces dans lesquelles se trouvent les écoles) et ce sont les écoles qui gèrent directement les cantines. Les produits locaux et de saison ne représentent que 30 % de l'alimentation proposée et uniquement 60 % des élèves en bénéficient.

Quand il n'existe pas de solution de restauration, le midi, pour les 40 % d'élèves restants, des réfectoires sont mis à disposition des élèves, qui apportent leur *lunch box* préparée par leurs parents. Des *lunch boxes* plus américaines et beaucoup moins équilibrées que la fameuse *matpakke* norvégienne évoquée précédemment.

AU JAPON

Au Pays du Soleil levant, c'est une tout autre histoire, et des plus insolites ! La cantine là-bas, c'est simple : ce n'est pas de cantine du tout ! Donc pas de travail pour les cantiniers ! (Ah, mince ! Moi qui rêve d'aller au Japon, il me faudra trouver une autre excuse !) En effet, les élèves japonais sont invités à apporter tous les midis leur propre panier-repas, appelé *bento*.

Le *bento* est une véritable institution et un élément important de la culture japonaise. C'est un repas complet qui est préparé soit par les parents, soit par les grands-parents. Il est composé de fruits et légumes de saison, de riz, de protéines animales et de produits laitiers. Il est très souvent coloré et joliment présenté (ah si ! En fait, je vais aller au Japon, faire une formation *bento*, ça peut servir !). Sans nul doute, à prendre en considération et, pourquoi pas, s'en inspirer.

Imagine donc, cela pourrait être sympa d'adapter ce genre de repas quand c'est l'heure des sorties scolaires et que l'on te demande de préparer un pique-nique. Souvent composé d'un paquet de chips, d'un sandwich et d'une compote, celui-ci mériterait peut-être de s'inspirer des *bentos* pour proposer aux enfants une alternative plus saine et équilibrée, lors de ces excursions sur le temps scolaire.

EN CORÉE DU SUD

À l'opposé du Japon, pour les Coréens du Sud, la cantine est un élément très important de la culture scolaire. Dans ce pays, ce n'est pas moins de 95 % des élèves qui vont y manger tous les midis ! C'est aussi un service public, comme en France, mais qui est financé exclusivement par le gouvernement. Les familles sont toutes soumises à contribution financière, en fonction de leurs revenus.

L'insolite se trouve à la fin des repas : les cantines sont équipées de machines à laver entièrement automatisées qui permettent aux élèves de laver leurs assiettes et leurs couverts de manière hygiénique. Contrairement à nos systèmes de lave-vaisselle, en France, qui nécessitent beaucoup de gestes répétitifs et de main d'œuvre pour les agents (placer les assiettes, les plateaux, les couverts dans les lave-vaisselles), eh bien, là-bas, c'est directement l'élève qui s'en charge et, ainsi, en fin de chaîne de nettoyage, les employés n'ont plus qu'à ranger le matériel propre et sec.

ALLEMAGNE *VS* GRANDE-BRETAGNE

On pense souvent à tort que, dans ces deux pays presque voisins, c'est complètement différent et on pourrait croire aussi que les cantines allemandes sont meilleures que les anglaises. J'ai cherché : c'est somme toute assez similaire. Des efforts sont faits des deux côtés.

Pour résumer, en Allemagne, il n'y pas de programme national pour une gratuité de la restauration scolaire. Le prix du repas varie d'une région à l'autre, allant de 3 à 6 euros en moyenne. Les menus sont généralement composés d'un plat principal, d'un accompagnement, d'une salade et d'un dessert. Les options végétariennes et végétaliennes sont de plus en plus courantes. Comme tu peux le constater, « l'entrée » n'est pas une coutume, en Allemagne.

En Grande-Bretagne, le gouvernement est davantage impliqué dans le fonctionnement de la restauration scolaire, notamment en proposant un repas aux élèves de la maternelle à la 6e année d'école. Un repas coûte en moyenne 2,5 livres sterling (3 euros). Les menus sont conformes à des normes nutritionnelles strictes et proposent une variété d'options, y compris des plats végétariens et végétaliens.

ET DANS LES PAYS EN VOIE DE DÉVELOPPEMENT ?

L'accès à l'éducation scolaire y est souvent limité, la restauration scolaire est donc un concept quasiment inexistant pour eux. C'est, d'ailleurs, à la suite de ce constat qu'une initiative a été prise par la France et la Finlande en 2021 : la création d'une coalition mondiale pour l'alimentation scolaire. Avec le soutien du Programme d'alimentation mondiale, à l'initiative de l'ONU, cette coalition réunissant plus de 90 pays vise à ce que, dans un futur proche, chaque enfant dans le monde ait accès aux repas scolaires, ce qui est d'une absolue nécessité pour bien apprendre et bien grandir. C'est en octobre 2023 que tous ces pays se sont réunis pour la première fois.

En conclusion on se rend compte que notre système de restauration scolaire français, malgré des inégalités selon les territoires, et que la part public (85 %) / privé (15 %) n'est pas si mal que ça, avec une politique tarifaire sociale et équitable qui varie entre la gratuité et 5-6 euros. Il y a quand même plus de 75 % de nos élèves qui vont au moins une fois à la cantine par semaine et force est de constater que les repas proposés sont très souvent sains et équilibrés.

5

Avant les repas… Toute une **organisation**

Qui décide du repas ? Qui fournit les denrées alimentaires ? Autant de questions que tu te poses sans doute. Je vais t'aider à y voir plus clair. Bienvenue dans les coulisses des établissements scolaires !

QUI DÉCIDE DU REPAS ?

C'est le responsable de la restauration scolaire, le chef de cuisine, qui choisit les menus, parfois conseillé par une diététicienne. Ensemble, ils se réfèrent aux recommandations nutritionnelles du GEMRCN (Groupement d'études des marchés pour la restauration collective et nutrition) : des recommandations de quantités en grammage, selon les tranches d'âge et les typologies d'aliments, ce qui en fait une base solide pour gérer les quantités de nourriture à commander. Alors, évidemment, dit comme ça, s'occuper d'établir des menus paraît simple, mais en réalité, de nombreux paramètres sont à prendre en compte et ils intègrent des variantes tout au long de l'année.

QUELLES RÈGLES POUR ÉTABLIR CES MENUS ?

Les menus s'établissent généralement pour une période de 4 ou 5 semaines, et ce, pour plusieurs raisons.

- Tout d'abord, pour anticiper les énormes commandes de produits alimentaires nécessaires à la production des repas. C'est très souvent le chef de cuisine qui passe les commandes et qui est en contact direct avec les fournisseurs. On entend par fournisseurs les grossistes qui vendent les fruits et légumes frais, la viande, le pain, ou encore les prestataires de cuisine centrale. Les bons de commande sont généralement validés avant, par le service gestion de l'établissement scolaire.
  Il peut y avoir parfois des exceptions, en cas, par exemple, d'absence du gestionnaire ou d'erreur de livraison : le chef de cuisine doit alors improviser dans l'urgence et prend la responsabilité de tout valider lui-même ; les bons de commande seront toujours vérifiés ultérieurement, dans ce cas. Il peut aussi se produire des erreurs de commande de la part du fournisseur ou de celui qui passe la commande. Mais pas de panique, l'avantage, c'est qu'il y a toujours plusieurs jours d'avance sur les commandes, donc s'il y a ce genre d'imprévu, on peut tout à fait inverser les menus d'un jour sur l'autre.

Je me souviens : une fois, on a attendu plusieurs heures 120 kg de fraises qui ne sont jamais arrivées car le livreur a eu un accident (sans gravité, heureusement) ; eh bien, à la place, en dessert, on avait mis des pommes et des bananes que l'on avait déjà stockées pour la fin de la semaine. Il y a toujours des solutions ! (Bon, les élèves étaient déçus, je ne te le cache pas.)

- Ensuite, parce que le plan alimentaire sur plusieurs semaines permet de suivre la saisonnalité des produits.

- Cette prévision aide aussi à respecter une fréquence régulière de plats, ni trop proche ni trop espacée, tout en offrant de la diversité. On ne peut pas se permettre de proposer des frites toutes les semaines, par exemple, n'est-ce pas ? Dans l'idéal, selon moi, cela doit se faire toutes les 4 semaines.

Allez, pour t'aider à comprendre, je te donne un exemple concret de plan alimentaire.

	Lundi	Mardi
Semaine 1	Féculents ou entrée chaude	Crudités
	Volaille	Viande boucherie
	Légumes	Légumes
	Laitage	Fromage ou laitage
	Fruits	Pâtisserie < 15 % MG
Semaine 2	Crudités	Féculents
	Porc	Préparation < 70 % viande
	Féculents	Légumes
	Fromage ou laitage	Laitage
	Fruit cuit ou dessert	Fruit
Semaine 3	Féculents	Crudités
	Préparation < 70 % viande	Poisson
	Légumes	Féculents
	Laitage	Fromage ou laitage
	Fruit	Fruit cuit ou dessert
Semaine 4	Crudités	Crudités
	Poisson	Viande boucherie
	Féculents	Légumes
	Fromage ou laitage	Fromage ou laitage
	Fruit cuit ou dessert	Pâtisserie < 15 % MG

Jeudi	Vendredi
Crudités	Crudités
Poisson	Préparation < 70 % viande
Féculents	Féculents
Fromage ou laitage	Fromage ou laitage
Dessert < 15 % MG	Fruit

Crudités	Crudités
Viande boucherie	Poisson
Féculents	Légumes
Fromage ou laitage	Fromage ou laitage
Fruit	Pâtisserie < 15 % MG

Crudités	Crudités
Plat protidique	Volaille
Légumes	Féculents
Fromage ou laitage	Fromage ou laitage
Pâtisserie < 15 % MG	Fruit

Crudités	Entrée 15 % MG
Porc	Viande boucherie
Féculents	Légumes
Laitage	Fromage ou laitage
Fruit	Fruit

Et si tu as bien suivi « La petite histoire de la cantine », au chapitre 1 (p. 21), nos décideurs de menus prennent également en compte la loi Egalim en faisant des choix de produits de qualité, le plus possible locaux et à plus de 20 % issus de l'agriculture biologique.

QUI D'AUTRE PEUT CONTRIBUER À CES MENUS ?

Selon les communes ou les établissements, il peut exister des commissions « menus » réunissant des élèves volontaires, des parents, des professeurs, la diététicienne, un représentant de la collectivité, ou même du personnel de cuisine ou d'entretien. Ces commissions peuvent se réunir toutes les 5 semaines ou quelques fois dans l'année. Leur rôle est de valider les menus, apporter des idées neuves, des suggestions, proposer des repas à thème en fonction d'activités scolaires, d'événements ou d'échanges avec d'autres pays. C'est un moment convivial, constructif, qui apporte du renouveau, qui dynamise et implique de manière concrète les équipes en place et les différentes parties prenantes.

J'ajouterai un détail qui a toute son importance : le choix des menus et des repas doit se faire en fonction des besoins et des goûts des élèves. Si, un jour, tu vois sur un menu de cantine « tête de veau sauce gribiche », je ne suis pas sûr du succès qu'un tel plat aurait aujourd'hui auprès de nos jeunes convives. En revanche, cela ne veut pas dire que pour s'adapter aux goûts des élèves, on pourra mettre des patates ou des pâtes h24 !

ET LE RÔLE DU MAIRE, DANS TOUT ÇA ?

Une remarque que j'entends beaucoup : « Mais si les menus ne sont pas bien, c'est la faute du Maire ! » En fait, cette remarque ne concerne que les écoles du premier degré. Pour les collèges et les lycées, les présidents du conseil départemental et régional n'ont pas ce rôle à tenir car il y a beaucoup trop d'établissements scolaires sous leur tutelle. Le Maire, lui, a bien la responsabilité de valider les menus proposés par le responsable de la restauration scolaire, et oui, s'il valide des menus incohérents, il peut en être tenu responsable. Mais, je te rassure, tout est organisé pour respecter toutes les obligations légales et faire en sorte que celui-ci soit secondé dans cette tâche par le service scolaire de la ville ou de l'agglomération concernée, la commission menus, la diététicienne, etc.

QUI FOURNIT LES DENRÉES ALIMENTAIRES ?

Vaste question ! Voici quelques réponses pour t'aider à y voir un peu plus clair encore sur l'alimentation proposée en restauration scolaire : dans un monde idéal et pour éviter des surcoûts de transport et de logistique, toutes les denrées alimentaires devraient provenir d'un périmètre de moins de 100 kilomètres de chaque cantine. Comme tu t'en doutes, le monde idéal, voire utopique, n'est pas encore d'actualité. Tous les territoires ne disposent pas de tous les producteurs et fournisseurs nécessaires pour une production et un approvisionnement de qualité en local. Le choix des denrées achetées est fait par l'organisation qui gère la restauration, sur la base d'un cahier des charges contractuel, issu bien souvent, au démarrage, d'un appel d'offres.

UNE PROCÉDURE DICTÉE PAR LES MARCHÉS PUBLICS

Voici le déroulement de la procédure d'appel d'offres des marchés publics, dans le cas où la restauration est sous-traitée à un prestataire privé — ce qui est très souvent le cas. Tu vas voir, il y a des règles strictes et des étapes à respecter :

1. Publication d'un avis d'appel public à la concurrence : l'avis précise les besoins de la collectivité et les critères de sélection du prestataire.

2. Remise des offres par les candidats : les fournisseurs ou producteurs doivent présenter une offre technique et financière.

3. Analyse des offres par la collectivité : la collectivité sélectionne l'offre qui répond le mieux à ses besoins. C'est une étape intéressante car les chefs et les cuisiniers sont invités, lors de journées dédiées, à tester, à goûter les produits candidats au marché.

4. La collectivité sélectionne le prestataire sur la base de plusieurs critères :

- Le prix : c'est un critère important mais il n'est pas le seul.
- La qualité des produits et des services : la collectivité s'assure que le prestataire propose des produits et des services de qualité.

- La capacité du prestataire à répondre aux besoins de la collectivité : celle-ci s'assure que le prestataire a les compétences et les moyens nécessaires pour répondre à ses besoins.

5. Attribution du marché : la collectivité notifie le marché au prestataire sélectionné.

6. Exécution du marché : le prestataire exécute le marché pendant la durée du contrat, en général 4 à 5 ans.

7. Suivi et contrôle du marché : la collectivité s'assure du bon respect du contrat par le prestataire. Il peut y avoir, par exemple, des visites programmées par les parents d'élèves, des dégustations par certaines personnes représentant la collectivité... Les remarques sont faites ensuite au prestataire afin qu'il réajuste et améliore sa prestation là où il y a eu des manquements.

DES CHOIX D'ALIMENTS DE DIFFÉRENTES PROVENANCES

Pour faire simple, le choix des aliments se fait parmi de grandes listes de produits sélectionnés par catégories alimentaires (produits laitiers, fruits, légumes, poissons, viandes, charcuterie, pain, etc.).

Au besoin et occasionnellement, une certaine liberté est accordée, avec la possibilité de passer des commandes à de petits producteurs locaux, en fonction des saisons et des promotions. Il faut surtout que cela rentre dans le budget alloué !

Concrètement, les produits frais fournis dans les cantines transitent par les MIN (marchés d'intérêt national), dont le plus connu est Rungis, près de Paris. Ce sont des marchés comme celui du dimanche, mais en beaucoup plus grands et réservés exclusivement aux professionnels de l'alimentation.

Il faut aussi rappeler que 100 % des denrées alimentaires utilisées en restauration scolaire ne sont pas brutes. Eh oui, c'est là que l'industrie agroalimentaire rentre en jeu. « Agroalimentaire !? Ahhhhh nonnnnnn, pas ça ! » Je me dois, je te dois de tout dire dans ce livre, avec une totale transparence sans laquelle ce dernier n'aurait pas lieu d'être. Je te donne un exemple concret : te souviens-tu du jour où tu as mangé des pâtes à la bolognaise ? Eh bien, ce plat est typiquement issu de l'agroalimentaire : les pâtes autant que la sauce tomate utilisée, qui provient de conserves. Un autre exemple et non moins industriel (attention, je ne dis pas que c'est bien ou pas bien, mais c'est une vérité, et on est là pour ça, non ?), un des plats qui rencontrent le plus de succès (à mon grand désarroi) : le fameux cordon bleu en demi-lune. Je n'ai pas fait de comptage, je n'en suis pas encore là, mais ce produit ultra-transformé est toujours d'actualité dans beaucoup d'endroits. Dans ce fameux cordon bleu, dont les enfants raffolent (il faudrait peut-être s'affoler de cette situation, d'ailleurs), on retrouve du sel de fonte, des arômes, de la dextrose (sucre), de la protéine de lait et même de l'eau pour rendre la viande (reconstituée) plus tendre ! Bref, quand on voit la composition, ça fait peur !

Les légumes proposés dans les cantines sont aussi régulièrement surgelés, comme les petits pois. Pour les petits pois frais du jardin, cela risque quand même d'être compliqué ! C'est une réalité à avoir en tête et le recours à l'industrie agroalimentaire est aussi une nécessité, en restauration scolaire, pour des questions économiques, selon les moyens mis en œuvre, mais aussi pour des questions de praticité : écosser des pois ou équeuter des haricots verts ne sont pas des tâches à l'ordre du jour dans les cuisines des cantines… à moins de tripler le nombre de gens qui y travaillent.

Il faut savoir jongler avec l'ensemble de ces paramètres, dans le but de faire au mieux et en fonction des moyens disponibles, pour pouvoir proposer des menus équilibrés, de qualité, tout en ayant un budget maintenu.

FRAIS, CONGELÉ, CONSERVE ?

Comme à la maison, la cantine joue sur des aliments frais, des conserves et des surgelés dans ses menus. On retrouve un cocktail de plats conçus sur place partiellement, en règle générale, avec certains plats préparés qui peuvent être surgelés ou mis en conserve, et des plats préparés à base de produits frais, la veille ou le matin tôt, dans les laboratoires des cuisines centrales.

Je vais te donner une petite astuce pour savoir si des produits frais sont utilisés dans la cantine proche de chez toi : observe (bon, c'est limite de l'espionnage mais c'est redoutablement efficace) l'heure d'ouverture de la production en cuisine. Si c'est vers 6-7 heures du matin, c'est très bon signe ; si c'est au-delà de 8-9 heures, là c'est mauvais signe. Moins de temps de préparation, donc évidemment moins de produits frais à préparer. C'est toujours plus rapide d'ouvrir des boîtes et de mettre à réchauffer des plats tout préparés.

QUELLES SONT LES TENDANCES ?

La loi Climat soumet les cantines publiques à de nouvelles obligations en 2024. Issue des travaux de la Convention citoyenne pour le climat, la loi portant sur la lutte contre le réchauffement climatique a été promulguée et publiée au Journal Officiel, le 24 août 2021. Cette loi ancre l'écologie dans notre société : dans nos services publics, dans l'éducation de nos enfants, dans notre urbanisme, dans nos déplacements, dans nos modes de consommation, dans notre justice. En effet, pour respecter l'agenda de la loi Climat et Résilience, les cantines sous gestion de l'État vont désormais devoir garantir que la totalité des produits de viande et de poisson qu'elles proposent sont d'origine durable ou de qualité. Une obligation qui s'ajoute à celles déjà en vigueur, cependant encore loin d'être respectées dans l'ensemble des établissements scolaires.

Bon à SAVOIR

LES RÈGLES D'HYGIÈNE ET DE SÉCURITÉ ALIMENTAIRES

UN SUJET MAJEUR

Ne fais pas attention au titre, c'est un sujet tellement sérieux que je le deviens aussi ! L'obligation de sécurité pour les aliments proposés à la consommation humaine, sous quelque forme que ce soit, est l'un des fondements du droit alimentaire. Pour assurer cette obligation, la politique de sécurité alimentaire de l'Union européenne vise notamment à protéger la santé et les intérêts des consommateurs. Pour atteindre cet objectif, l'Europe veille à établir et à faire respecter des normes de contrôle en matière :

- d'hygiène des denrées et produits alimentaires ;
- de santé et de bien-être des animaux ;
- de santé des plantes ;
- de prévention des risques de contamination par des substances externes ;
- d'affichage des 14 principaux allergènes dans le cadre du règlement INCO (information des consommateurs).

Un niveau élevé de sûreté des denrées et produits alimentaires commercialisés au sein de l'Union européenne est ainsi garanti à toutes les étapes de la chaîne de production et de distribution. Cette démarche concerne tant les aliments produits au sein de l'Europe que ceux importés de pays tiers.

Fort heureusement, la restauration scolaire française est ainsi strictement encadrée par la loi sur les questions de sécurité, pour une raison importante : préserver la santé des usagers et, notamment, éviter à tout prix les TIAC ! « Mais qu'est que c'est que ça encore !?», me demanderas-tu : les toxi-infections alimentaires collectives sont des maladies causées par la consommation d'aliments contaminés. On peut les diagnostiquer lorsqu'un groupe d'élèves présente des symptômes similaires après avoir consommé les mêmes aliments ou repas contaminés. Les agents pathogènes responsables des TIAC peuvent être des bactéries (comme Salmonella, Escherichia coli), des virus (comme le norovirus), des parasites ou même des toxines produites par des microorganismes présents dans des aliments qui ont été mal manipulés, stockés ou préparés. Les principaux symptômes sont des nausées, des vomissements, des diarrhées, des douleurs abdominales et parfois de la fièvre. Dans certains cas très graves, cela peut aller jusqu'à provoquer le décès.
D'où l'extrême importance de la prévention et des bonnes pratiques en cuisine.

L'IMPORTANCE DU PMS

Il existe plusieurs principes fondamentaux pour les règles d'hygiène et de sécurité alimentaires, qui touchent à trois notions : la traçabilité, la marche en avant (principe que je t'explique juste après) et les affichages obligatoires. Toutes ces règles et procédures à respecter sont inscrites dans le PMS : le plan de maîtrise sanitaire, bible en la matière ; en gros, c'est un classeur dans lequel est écrit tout le process à suivre dans le but d'éviter tout risque de contamination. Ce document est élaboré par chaque établissement de restauration collective (et pas que scolaire). Il décrit les mesures prises pour assurer l'hygiène et la sécurité sanitaire des denrées alimentaires par rapport aux risques issus des dangers biologiques, physiques et chimiques. Il comprend des mesures s'appliquant au personnel (par exemple, un plan de formation à la sécurité sanitaire des aliments, la fourniture de l'EPI – équipement de protection individuelle comprenant des chaussures de sécurité –, l'organisation d'un suivi médical), l'organisation de la maintenance des locaux et du matériel, ainsi que les mesures d'hygiène préconisées avant, pendant et après la production. Il peut comporter également un plan de lutte contre les nuisibles, ainsi que des données sur la qualité de l'eau arrivant sur place. De ces éléments découlent l'organisation des bâtiments, la logistique, etc.

Le ministère de l'Agriculture met à disposition un guide de recommandations pour mettre en place ce plan de maîtrise sanitaire dans les règles de l'art.
À l'origine, le PMS s'appuie sur la méthode HACCP (eh oui, encore un sigle... difficile de s'en passer dans le monde des normes !) : *Hazard Analizing Critical Control Points.* Il s'agit de l'analyse des points critiques pour un meilleur contrôle des règles d'hygiène. Un exemple concret de point critique, c'est la température des aliments. Si, par exemple, un aliment comme la viande se retrouve trop longtemps à température ambiante, cela entraîne le développement de certaines bactéries alimentaires. Ces dernières, fort heureusement pour ton estomac (et pas que !), vont être neutralisées par une cuisson à plus de 63 degrés. Pour être encore plus concret, c'est la raison essentielle de l'interdiction de la viande crue comme le tartare, en restauration collective scolaire. Il est en effet trop compliqué de s'assurer du maintien de l'ultra-fraîcheur de la viande à si grande échelle.
Je te recommande de réaliser un petit test dans l'établissement dans lequel ton enfant ou toi-même mangez : interroge le personnel, à l'occasion, pour savoir si un PMS est mis en place. Si on te regarde avec des yeux ronds en te demandant de quoi tu parles, il est grand temps de t'inquiéter car le PMS, c'est O-BLI-GA-TOIRE !

LES TROIS PILIERS DE LA RÉGLEMENTATION

Je reviens un petit peu plus dans le détail sur les grands principes et les obligations d'affichages dans les cantines. C'est pour moi un des sujets les plus importants de ce livre car les enjeux de santé sont essentiels et, malheureusement, tout le monde n'y prête pas suffisamment attention, selon moi ; soit par manque de formation, soit par manque d'intérêt, tout simplement.

La marche en avant

Ce principe est extrêmement simple. Les produits bruts, salés, non préparés ne doivent jamais rencontrer dans la chaîne de production les produits finis. Les poubelles et déchets doivent prendre un chemin différent de celui des plats qui sont prêts à être servis. Pour ce faire, plusieurs étapes sont à respecter :

1. Livraison et réception des marchandises dans un lieu dédié.

2. Décartonnage et stockage par catégorie de produits (épicerie, chambre froide viande, légumes, produits laitiers, fruits, produits surgelés).

3. Lavage et désinfection des mains (après chaque manipulation).

4. Préparation des aliments.

5. Cuisson des aliments.

6. Évacuation des déchets de production par le local poubelle de tri sélectif.

7. Stockage des aliments crus et cuits dans des chambres froides séparées.

8. Vérification, tout au long de la production, des températures de cuisson et de conservation au froid.

9. Service des convives.

10. Nettoyage et désinfection.

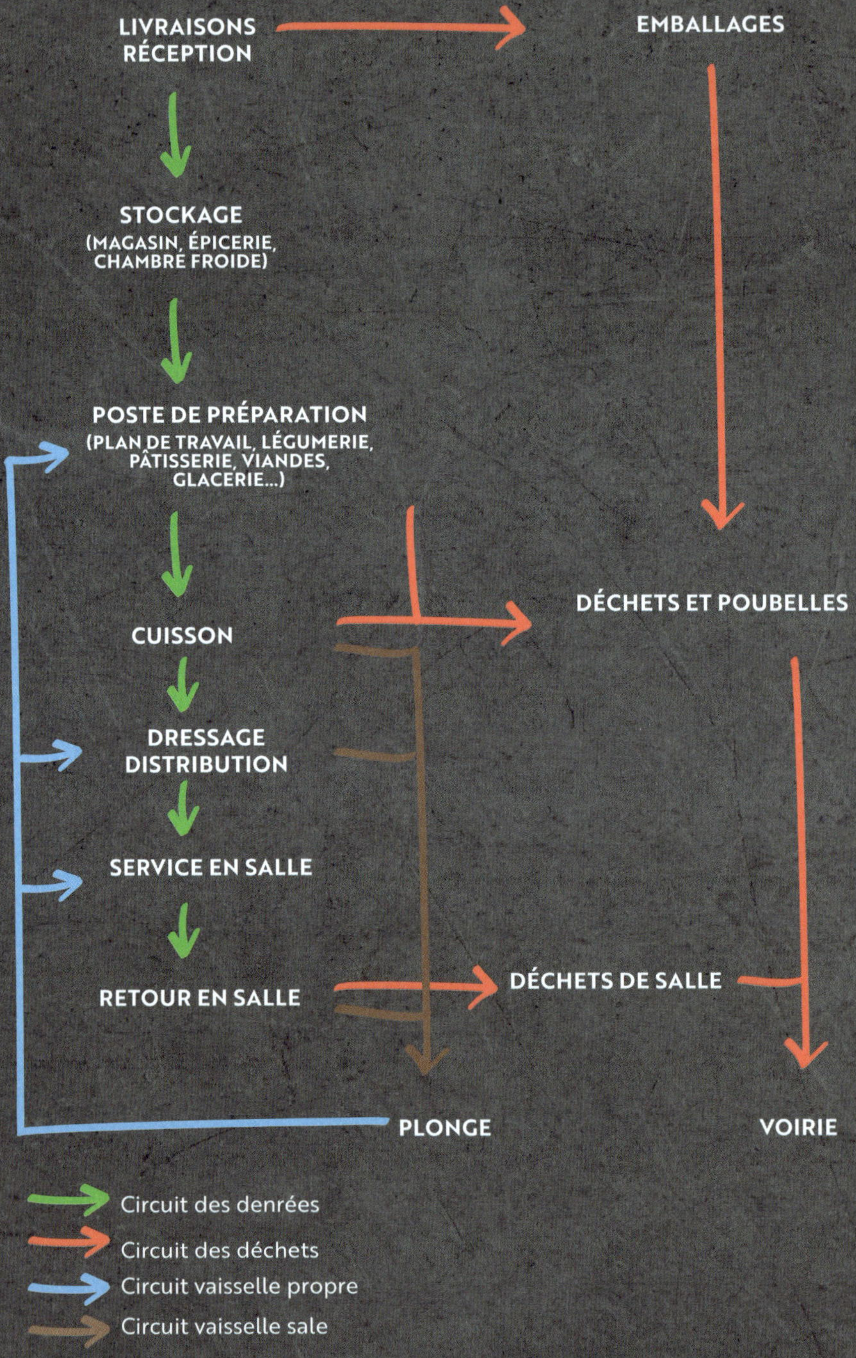
LIVRAISONS
RÉCEPTION
EMBALLAGES
STOCKAGE
(MAGASIN, ÉPICERIE, CHAMBRE FROIDE)
POSTE DE PRÉPARATION
(PLAN DE TRAVAIL, LÉGUMERIE, PÂTISSERIE, VIANDES, GLACERIE...)
CUISSON
DÉCHETS ET POUBELLES
DRESSAGE
DISTRIBUTION
SERVICE EN SALLE
RETOUR EN SALLE
DÉCHETS DE SALLE
PLONGE
VOIRIE
Circuit des denrées
Circuit des déchets
Circuit vaisselle propre
Circuit vaisselle sale

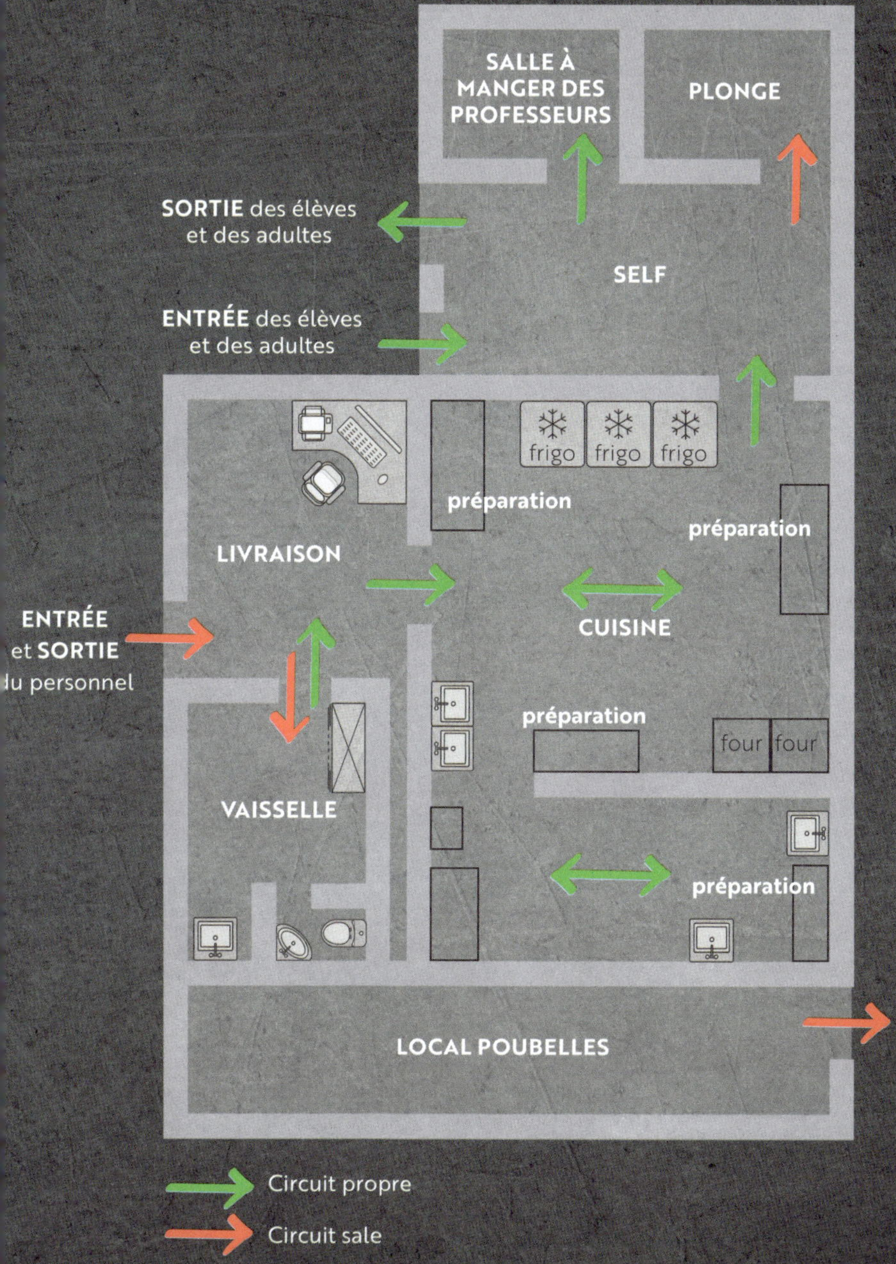
SALLE À MANGER DES PROFESSEURS
PLONGE
SORTIE des élèves et des adultes
SELF
ENTRÉE des élèves et des adultes
frigo
frigo
frigo
préparation
préparation
LIVRAISON
CUISINE
ENTRÉE et SORTIE du personnel
préparation
four
four
VAISSELLE
préparation
LOCAL POUBELLES
Circuit propre
Circuit sale

La traçabilité

La traçabilité en restauration scolaire est essentielle pour garantir la sécurité alimentaire des élèves et assurer la conformité aux normes réglementaires. Elle permet également aux responsables de la production de répondre rapidement et efficacement, en cas d'urgence ou de problème lié à la sécurité alimentaire, comme, notamment, la déclaration d'une TIAC. Cela sert de preuve en cas d'enquête ou de contrôle des services d'hygiène, comme la Direction départementale de la protection des populations (DDPP). La traçabilité se retrouve à tous les niveaux, depuis l'origine des aliments jusqu'au service des convives, en passant par leur réception, stockage, transformation :

- **Achats et fournisseurs :** les établissements de restauration scolaire doivent tenir des registres précis des fournisseurs auprès desquels ils achètent leurs ingrédients. Cela comprend des informations telles que le nom du fournisseur, la date d'achat, la quantité achetée et les spécifications des produits, comme leur composition et leur poids.

- **Réception des marchandises :** lorsque les aliments arrivent à la cuisine de l'établissement scolaire, ils doivent être inspectés pour s'assurer qu'ils répondent aux normes de sécurité et de qualité établies. Toute anomalie ou problème avec les produits reçus doit être documenté et signalé aux fournisseurs, soit pour un échange, soit pour un remboursement.

- **Stockage :** les aliments doivent être stockés correctement dans des conditions appropriées pour garantir leur sécurité et leur fraîcheur. Cela comprend le respect des règles de température (chaîne du froid respectée) et de manipulation pour éviter toute contamination.

- **Transformation et préparation :** lors de la préparation des repas, il est important de suivre des pratiques d'hygiène strictes et de respecter les recettes établies. Toute modification ou substitution d'ingrédients doit être enregistrée. Les étiquettes de provenance avec leur date limite de consommation (la fameuse DLC) doivent être conservées au moins 2 ans. Auparavant, on découpait les étiquettes que l'on classait par jour dans des trieurs que l'on mettait en archives. Mais les choses évoluent et maintenant, soit on les scanne, soit on les prend en photo pour les archiver sur PC. Dans tous les cas, en cas de contrôle par les services vétérinaires de la Direction départementale de la protection des populations (DDPP), on peut leur fournir les informations nécessaires très facilement.

- **Distribution :** les repas préparés doivent être distribués aux élèves de manière sûre et efficace ; pour cela, les cuisiniers qui s'occupent de servir doivent vérifier, au début et à la fin du service, la température des plats proposés grâce à un thermomètre alimentaire. Les plats froids doivent être maintenus à moins de 3°C, avec une tolérance jusqu'à 10°C pendant moins de 2 heures durant le service, et les plats chauds doivent toujours être à plus de 63°C. Un échantillon de 100 g doit être aussi prélevé sur chaque plat et conservé pendant 7 jours au frais (en cas d'enquête, à la suite d'une intoxication alimentaire, par exemple).

Pour une traçabilité parfaite, toutes les informations récoltées au cours des différentes étapes sont répertoriées dans un même dossier, qui doit rester consultable facilement en cas de besoin. Ce dossier peut être numérisé ou en version papier. De nombreux logiciels de gestion dans ce sens ont fait leur apparition ces dernières années pour faciliter ces tâches.

ATTENTION ! Si, par exemple, le steak haché est encore rouge à cœur, c'est qu'il est servi à moins de 60°C et c'est strictement interdit en restauration collective scolaire ! Tu comprends donc ici pourquoi la viande saignante ou à point n'est pas possible à la cantine.

Les affichages obligatoires

- **Origine des viandes :** à chaque service, les convives doivent avoir connaissance de l'origine des viandes servies – le pays d'origine et le lieu d'abattage. Souvent, on affiche les étiquettes pour encore plus de transparence.

Origines des viandes

BOVINES, PORCINES, CAPRINES, VOLAILLES, EN MORCEAUX OU HACHÉES

CATÉGORIE	PAYS D'ORIGINE	PAYS DE NAISSANCE	PAYS D'ÉLEVAGE	PAYS D'ABATTAGE

- **Présence d'allergènes :** à chaque service, doit également être affiché le nom des allergènes présents dans les plats proposés. Les principaux connus sont au nombre de 14 et leur présence est souvent indiquée sous forme de tableau ou de pictogramme sur les menus (d'ailleurs, dans les restaurants privés, la méthode se développe aussi).
  Tu connais les allergènes ? Ce sont tous les aliments répertoriés comme pouvant déclencher des allergies. Parmi les plus fréquents, dans nos sociétés occidentales : les œufs, les fruits à coque, le gluten, le lait de vache, les crustacés...

INFORMATION ALLERGÈNES

Produits ou plats contenant des allergènes	Céréales	Crustacés	Œufs	Poissons	Arachides	Soja	Lait	Fruits à coque	Céleri	Moutarde	Graines de sésame	Anhydride sulfureux	Lupin	Mollusques
Carottes râpées										×		×		
Salade frisée garnie	×		×					×		×		×		
Salade piémontaise au thon	×			×						×				
sauté de dinde ratatouille							×		×					
Purée de pommes de terre							×							
Salade verte vinaigrette										×		×		
Portion emmental							×							
Clafoutis aux framboises			×				×	×						

- **Menu du jour :** cela paraît évident mais cet affichage a été rendu obligatoire le 1er janvier 2022 seulement sur tous les lieux de restauration collective. Il doit mentionner, dans l'idéal, les ingrédients utilisés, leur origine (si possible), le mode de préparation, les valeurs nutritives (calories, lipides, glucides, protéines, etc.) et les allergènes, bien entendu.

- **Le règlement intérieur et les consignes d'hygiène :** ah ah, il n'y a pas que le personnel qui est soumis à certaines règles, les convives le sont tout autant et on ne rigole pas, non mais dis donc ! Je vais te donner un exemple concret de ce qui est requis chez les élèves quand ils sont à la cantine (attention, on les surveille !).

RÈGLEMENT INTÉRIEUR

1. ACCÈS À LA CANTINE

- La cantine est accessible uniquement aux élèves et aux personnels de l'établissement.
- Les élèves doivent présenter leur carte d'accès à l'entrée de la cantine.
- L'accès à la cantine est interdit aux personnes extérieures à l'établissement (sauf en cas de formation ou de visite officielle).

2. COMPORTEMENT

- Les élèves doivent se comporter de manière calme et respectueuse dans la cantine.
- Il est interdit de courir, de crier ou de se jeter des projectiles.
- Les élèves doivent respecter le matériel et le mobilier de la cantine.

3. HYGIÈNE

- Les élèves doivent se laver les mains avant de passer à table.
- Les élèves doivent jeter leurs déchets dans les poubelles prévues à cet effet.
- Il est interdit de mâcher du chewing-gum dans la cantine et de le coller sous les tables.

4. REPAS

- Les élèves doivent se servir uniquement des plats et des couverts mis à leur disposition.
- Il est interdit de prendre la nourriture des autres élèves.
- Il est fortement déconseillé de gaspiller de la nourriture.

5. SÉCURITÉ

- Il est interdit d'apporter des objets dangereux dans la cantine.
- Les élèves doivent signaler immédiatement au personnel de la cantine tout incident ou accident.

CONSIGNES D'HYGIÈNE

1. LAVAGE DES MAINS

Se laver les mains avec du savon et de l'eau pendant au moins 30 secondes :

- avant de passer à table ;
- après être allé aux toilettes ;
- après avoir s'être mouché ou éternué.

2. HYGIÈNE ALIMENTAIRE

- Ne pas manger d'aliments qui sont tombés par terre.
- Ne pas partager sa nourriture avec d'autres élèves.
- Ne pas boire dans le verre des autres élèves.
- Se méfier des allergies alimentaires.

3. HYGIÈNE DES LOCAUX

- Jeter ses déchets dans les poubelles prévues à cet effet.
- Ne pas toucher le sol ou les murs.
- Ne pas écrire sur les tables ou les murs.

4. SANTÉ

- En cas de maladie, il est important de rester à la maison et de ne pas se rendre à la cantine.
- Si un élève se sent malade pendant le repas, il doit en informer immédiatement le personnel de la cantine.

RESPECT DU RÈGLEMENT ET DES CONSIGNES D'HYGIÈNE

Le respect du règlement intérieur et des consignes d'hygiène est important pour garantir la sécurité et la santé de tous les convives. Le personnel de la cantine est chargé de veiller au respect de ces règles et d'intervenir en cas de besoin.

EN CAS DE NON-RESPECT DU RÈGLEMENT OU DES CONSIGNES D'HYGIÈNE, DES SANCTIONS PEUVENT ÊTRE PRISES, TELLES QUE :

- avertissement verbal ;
- avertissement écrit ;
- exclusion de la cantine.

Nous vous remercions de votre compréhension.

Enfin, c'est assez insolite mais les coordonnées du responsable du chef de cuisine doivent être également affichées ! En revanche, les affichages sur la sensibilisation au gaspillage alimentaire ne sont que facultatives... C'est bien dommage quand on connaît les quantités gaspillées chaque année ! Je vais revenir dans les prochaines pages sur cette lutte qui me tient vraiment à cœur ! On peut compter sur moi, foi de Cantinier !

TEAM
ANTI-GASP

6

Portrait-robot de **l'équipe** en cuisine

Dans ce chapitre, l'idée est de rendre hommage au personnel de cantine et que tu te familiarises avec lui. C'est aussi une façon de te présenter précisément les métiers et les compétences requises, au cas où toi ou quelqu'un de ton entourage voudriez rejoindre cette grande famille qui nourrit nos têtes blondes et brunes...

Je propose de te faire un portrait de chacune des personnes que l'on retrouve habituellement dans une cantine. À chaque fois, tu retrouveras :

- sa fonction ;
- son âge ;
- son diplôme ;
- les qualités requises.

Et les salaires ? me demanderas-tu. C'est un sujet très complexe car ils sont liés à l'ancienneté, aux primes, etc. On peut dire avec certitude que certains débutent au SMIC et qu'en étant chef, on peut toucher jusqu'à 2 400 euros nets (hors région parisienne).

Il est à noter que ces personnes qui bossent pour la restauration scolaire n'ont pas toutes le même employeur, à l'image des différentes collectivités en charge. Si la restauration est déléguée à des entreprises privées, les employés font donc partie du secteur privé. Dans le cas d'une restauration autogérée, ils sont membres de la fonction publique en tant qu'agents territoriaux, mais leur employeur n'est pas l'État, c'est la collectivité pour laquelle ils travaillent. S'ils travaillent dans une école primaire, ce sera la mairie ; dans un collège, ce sera le département et, dans un lycée, ce sera la région.

Une précision importante aussi : j'espère que tu ne me tiendras pas rigueur de reprendre des intitulés de poste au masculin. Chacun de ces postes peut bien évidemment être tenu par des femmes, mais Mesdames, pardonnez-moi, je ne sais pas mettre au féminin tous ces métiers !

CHEF DE CANTINE

- Âge : 35/65 ans
- Diplôme : niveau Bac / Brevet Professionnel cuisine
- Qualités requises : méthodique, avec le sens de l'autorité, capable de prendre des décisions et de gérer des personnes, créatif, expérience dans des postes de cantine

Le chef de cantine est le personnage central de la cuisine : il établit les menus, passe les commandes, donne les ordres à l'équipe de cuisine en place. Il doit faire preuve d'autorité, tout en étant bienveillant et à l'écoute de chacun. Il a généralement plus de 10 ans d'expérience. Il a une grande connaissance de toutes les procédures, règles de sécurité et d'hygiène. Et, bien sûr, il a de l'imagination et de la créativité pour concevoir les menus. Il peut d'ailleurs être accompagné et conseillé dans cette tâche par une diététicienne (métier souvent représenté par les femmes, c'est un constat). Il doit savoir trouver des solutions quand des problèmes surviennent, comme des absences du personnel de dernière minute, des accidents de travail, des « prises de tête » entre collègues, des erreurs de commandes, des oublis de marchandises par les livreurs, des réclamations. Il doit être à l'écoute tout en faisant preuve d'autorité et de respect.

En somme, il est responsable et garant de la qualité des repas servis comme du service. Il gère également une équipe constituée des personnes citées ci-après, soit à minima 3 à 4 personnes, pouvant même aller jusqu'à 20-30 dans les plus grosses cuisines centrales. Ce n'est pas rien ! Tu comprends pourquoi il est bienvenu d'avoir près de 10 ans d'expérience pour prendre ce rôle ! Souvent, les chefs de cuisine ont expérimenté les différents postes de l'équipe qu'ils gèrent, ce qui leur permet d'être plus à l'aise et légitime dans ce rôle.
On entend parfois dire : « Le chef de cantine ne sort pas de son bureau. » J'aimerais tellement te dire que c'est une idée reçue à 100 % ! Non, ce n'est pas le cas mais la part du temps consacrée aux tâches de bureau dépend évidemment des effectifs présents en cuisine et du poids administratif à supporter

pour la gestion de l'organisation. Je te rassure, il existe des chefs de cuisine qui participent à la production et qui ont aussi le temps de gérer la « paperasse ». Si, par exemple, le chef a la chance d'avoir un magasinier qui s'occupe de la gestion des stocks et de la réception des commandes, il aura forcément plus de temps pour cuisiner ou aider en production.

Pour être tout à fait franc avec toi, il existe quand même une minorité de chefs qui passent beaucoup, beaucoup, beaucoup de temps cachés dans leur bureau ; par flemme, tout simplement (ou pour d'autres raisons que je n'ai pas encore trouvées), et cela peut énerver partiellement l'équipe de restauration (voire les énerver beaucoup et générer une mauvaise ambiance). Bon, en vérité, les personnes qui sont dans un poste à responsabilité, qui n'assument pas l'intégralité de leur travail et qui touchent la totalité de leur salaire (supérieur à celui des personnes de leur équipe), malheureusement, on en retrouve dans beaucoup de métiers ! Si on en croise, on apprend à faire avec... J'ai eu quelques retours de témoignages en message privé et en anonyme sur mes réseaux sociaux sur ce genre de situation : c'est souvent quand même très compliqué à vivre.

Le chef commence très tôt et rentre en cuisine en même temps que son équipe vers 5 h30/6 h, pour finir vers 15 h, après avoir passé ses dernières commandes.

SECOND DE CUISINE

- Âge : 25/65 ans

- Diplôme : niveau Bac / Brevet professionnel de cuisine

- Qualités requises : sens de l'adaptation, polyvalent, bon manager, connaissance des différents postes de cuisine

Comme son nom l'indique, le second de cuisine a pour mission d'épauler le chef dans l'organisation et le management de l'équipe. C'est en quelque sorte son bras droit. Il a en général au moins 5 ans d'expérience. Ce poste permet d'apprendre sur la fonction de chef ; c'est une bonne formation qui peut permettre d'évoluer ensuite.
Contrairement aux idées reçues, quand le chef n'est pas là, les souris ne dansent pas (pas dans tous les cas, du moins) ; c'est ici le second qui prend le relais. Il doit être en capacité de le remplacer du jour au lendemain, dans toutes ses tâches quotidiennes.

Il doit connaître également les différents postes en cuisine, veiller à la fois à la traçabilité de la production alimentaire, au respect des bonnes pratiques en matière d'hygiène et s'assurer de la marche en avant du service (voir p. 76).
Évidemment, en bon manager qu'il est, il doit être, lui aussi, à l'écoute de l'équipe et faire preuve d'une certaine autorité dans la gestion du quotidien. Moins présent pour les papiers, il passe la majeure partie de sa journée en production alimentaire.

Il a des horaires similaires à ceux du chef et, en cas de petite structure accueillant des élèves internes, un roulement est mis en place : l'un a des horaires du matin (6 h/15 h), et l'autre, des horaires dits du soir (11 h/20 h). Ainsi, ils peuvent échanger sur le temps du midi pour voir les différentes tâches à accomplir et se coordonner.

CUISINIER PROFESSIONNEL

- Âge : 20/60 ans
- Diplôme : BEP cuisine au minimum
- Qualités requises : réactif, minutieux, organisé

Véritable professionnel de la restauration, le cuisinier est généralement dynamique, ponctuel et polyvalent. Il est capable d'occuper tous les postes de production en cuisine : il sait réaliser aussi bien des entrées que des desserts, en passant par le poste des plats chauds. Il participe au service sur le temps du repas ainsi qu'aux tâches quotidiennes en lien avec le bon entretien des locaux et du matériel. Il a un, voire deux points communs avec le chef et le second : ils ont tous un diplôme de cuisinier et il arrive souvent qu'ils aient, dans le passé, exercé leur métier en restauration privée.

Le cuisinier a la possibilité d'évoluer dans l'organisation : s'il le souhaite, grâce à son expérience, à sa motivation, plus des formations et des concours, il peut devenir second, puis responsable de cuisine. Devenir chef dans le secteur privé ne requiert que des diplômes classiques avec de l'expérience. Pour prendre un poste à responsabilité dans le secteur public, il est indispensable de passer des concours dispensés par des centres de gestion de la fonction publique territoriale (établissements publics locaux à caractère administratif, ils sont partenaires des collectivités locales pour la gestion des carrières de leurs fonctionnaires) ; sachant qu'il faut un minimum de 3 ans d'ancienneté pour pouvoir passer ces concours. D'ailleurs, des préparations à ces épreuves sont proposées sous le régime de la formation continue.

Le cuisinier a une base horaire de travail similaire à ses supérieurs.

MAGASINIER/MAGASINIÈRE

- Âge : 30/60 ans
- Diplôme : niveau Bac
- Qualités requises : rigoureux, logique et sportif

Le magasinier/la magasinière (ça, je sais le dire !) joue aussi un rôle très important dans le bon fonctionnement d'une cantine mais, souvent (trop souvent, selon moi), c'est une fonction qui est occupée par le chef si ce poste n'a pas été créé (eh oui, là on touche du doigt les organisations pas toujours qualitatives, où parfois il manque du personnel !). Les principales missions du magasinier sont de réceptionner les marchandises et ranger les denrées alimentaires avec un système organisé permettant la traçabilité, la gestion des dates de péremption, la maîtrise de la chaîne du froid, des entrées et des sorties, la gestion des déchets, etc. Mieux vaut être un minimum sportif et en bonne santé physique pour porter, déplacer et gérer toutes ces quantités de nourriture.

Le magasinier prépare également ce que l'on appelle « les sorties », ce sont les aliments nécessaires à la production des repas au jour le jour. Il est donc en lien direct avec le chef, le second et le cuisinier. À l'aise avec l'informatique, il doit gérer les stocks sur des logiciels appropriés. Régulièrement, il procède, avec le chef de cuisine, à des inventaires pour vérifier si les quantités utilisées ont bien été cuisinées. Il épaule aussi le responsable du secteur restauration dans le passage des commandes aux différents fournisseurs.

Il commence à travailler en général un peu après le reste de l'équipe car des livraisons peuvent arriver plus tard dans l'après-midi.

AGENT DE SERVICE

- Âge : 20/60
- Diplôme : CAP PSR (production, service en restauration rapide, collective et cafétéria)
- Qualités requises : polyvalent et réactif

L'agent de service est celui qui a la capacité de passer en cuisine pour aider à la production, de servir sur les temps des repas, de s'occuper de l'entretien des salles de restauration et de classe, de participer à la plonge en cuisine et au réfectoire, pour les plateaux et la vaisselle des convives. Il peut également être amené à s'occuper de l'entretien du linge. C'est grâce à lui que les espaces de vie fréquentés au quotidien par les élèves sont propres. Il en a une parfaite maîtrise et sait s'adapter aux différentes situations.

Pour te donner un ordre d'idées, dans un établissement scolaire de 1 500 élèves, il peut y avoir plus de 20 agents de service !

Les horaires de travail sont très variables en fonction des besoins. Malgré une fluctuation possible, le nombre d'heures journalier reste en général constant ; la tranche horaire peut s'étendre de 6 h à 20 h s'il y a un internat.

AGENT DE MAINTENANCE

- Âge : 30/60 ans
- Diplôme : niveau CAP / Bac Pro
- Qualités requises : bricoleur tout terrain, polyvalent, réactif, méticuleux

Aah, l'agent de maintenance ! C'est un peu l'homme à tout faire, dans un établissement scolaire (sauf la cuisine !). Il s'occupe, entre autres, de la réhabilitation des locaux (peintures, menuiserie, décorations) et de l'entretien des espaces verts. Il sait résoudre les problèmes de plomberie et d'électricité. Il est sur tous les fronts : il sait s'adapter et trouver des solutions rapides pour le bon fonctionnement des équipements. Du coup, pour la cantine, il peut être assez sollicité. Il n'est pas rare d'avoir de petits soucis avec les fours ou autres machines électriques.

En bref, on peut dire que c'est le MacGyver (tu as la réf ? C'est le héros d'une série TV des années 1980 qui a des astuces incroyables pour se sortir de toute situation difficile) qui trouve toujours une solution temporaire, en cas de panne ou de dysfonctionnent du matériel. Son rôle est tout aussi vital que le cuisinier, donc il mérite bien son repas ! De mon expérience, il a très très très faim quand c'est l'heure de manger, à midi ! Il est un peu à l'image d'un élève après un cours de sport !

Les agents de maintenance commencent aussi relativement tôt, vers 6 h/7 h, pour débaucher en milieu d'après-midi. Il y a toujours l'un des agents en « garde téléphonique » en cas de souci technique majeur, comme une panne de courant ou une fuite d'eau.

DIÉTÉTICIEN/DIÉTÉTICIENNE

- Âge : 20/60 ans
- Diplôme : BTS / LICENCE / DUT diététique et nutrition
- Qualités requises : pédagogue, bon communicant et passionné de nutrition

Le diététicien en restauration collective est un professionnel de la nutrition qui intervient auprès du chef pour garantir la qualité nutritionnelle des repas servis. Il aide à l'élaboration des menus en respectant les réglementations et les besoins nutritionnels des convives. Il les adapte en proposant des aménagements pour celles et ceux qui ont des besoins spécifiques (allergies, régimes alimentaires, etc.). Il met également en place des procédures pour garantir la sécurité alimentaire et anime des ateliers de sensibilisation à la nutrition.

Il applique ses connaissances sans faire état de ses éventuelles préférences alimentaires ; sinon, tu imagines ce que ça donnerait ? « Bon, pour la semaine de la rentrée, lundi c'est chinois, mardi indien, jeudi italien et vendredi coréen. Et puis moi, comme je suis végan, je vous propose de la viande ou du poisson une seule fois par mois ! Et pour les frites, comme j'adore, eh bien ce sera toutes les semaines ! » Haha, ça pourrait faire rêver certains... mais trêve de plaisanterie, le diététicien se doit d'être neutre.

C'est en quelque sorte le modérateur des repas et le garant de l'équilibre alimentaire en fonction des normes (tu te souviens, le GEMRCN ? Voir p. 66). Oui, il faut manger de la viande, mais pas matin midi et soir ! Oui pour manger des légumineuses, mais pas matin midi et soir !

SECRÉTAIRE GÉNÉRAL

- Âge : 35/60 ans
- Diplôme : Bac + 3 (licence) et concours de recrutement du personnel de direction de la fonction publique
- Qualités requises : doué de rigueur comptable et du sens de l'autorité, organisé

Le secrétaire général, anciennement appelé « gestionnaire », est celui qui occupe le poste clé pour le financement sain de l'établissement scolaire et donc de la restauration. Disons que c'est lui qui tient les cordons de la bourse. Il est, entre autres, le responsable hiérarchique du service de restauration scolaire. Il a le devoir et la responsabilité de gérer le budget global de l'établissement scolaire, dont la ligne budgétaire de la cantine. Il décide d'un budget annuel en fonction des besoins. Il donne son accord et valide les bons de commande du responsable de cuisine. C'est un métier complexe, aux exigences comptables fortes. Il est garant de la bonne utilisation de l'argent public. Cette personne ne fait pas vraiment partie de l'équipe terrain, contrairement aux précédents postes décrits précédemment. Son rôle est administratif et les élèves ne le croisent généralement pas au réfectoire. Il a des horaires dits « de bureau » car c'est là qu'il occupe le plus clair de son temps. Il embauche vers 8h30/9 h, bénéficie d'une pause déjeuner, puis quitte le travail vers 17 h.

Contrairement à l'équipe de restauration, il est sous la tutelle du ministère de l'Éducation nationale, au même titre que le chef d'établissement.

7

Une journée à la cantine : parcours croisés

Bienvenue en immersion dans la journée de Vincent, cuisinier de 36 ans, et de Julie, collégienne de 14 ans. Sans vraiment se connaître, il se croisent tous les midis à la même heure mais leurs parcours, activités et ressentis sont bien entendu complètement différents, voire opposés ! Je te propose d'aller à leur rencontre, le temps d'une journée.

Pour des raisons évidentes de confidentialité, et même si cette histoire est tirée de faits réels, les noms des lieux et des protagonistes ont été modifiés. Un minimum de respect : je ne veux pas d'ennui avec la justesse (#humour toujours, même sur les sujets sérieux !). Et il est à noter que le choix des prénoms des personnages principaux, Julie et Vincent, sont un vrai clin d'œil à mes proches.

Vincent

Vrrrr, vrrr, vrrr (bruit de la montre qui vibre, en guise de réveil). Vincent émerge à peine, après une nuit passée à voyager dans un rêve ou un cauchemar qu'il a déjà oublié. Pourtant, il aimerait tant se souvenir de ses doux et merveilleux rêves… Bon, ce sera pour une autre fois, pas le temps de s'attarder, à tenter de stimuler sa mémoire ! Allez ! Il est 5 h du mat', il est temps de se lever pour attaquer du bon pied cette nouvelle journée !

Après un petit déjeuner rapide, café-fruit-tartine, il file se préparer et s'habiller dans un certain silence. Madame et les enfants, en effet, dorment encore à poings fermés et il fait très attention à ne pas troubler leur sommeil. (Non, je n'ai pas oublié la douche ; sinon, je ne te dis pas le cadeau pour les collègues ! Pour lui, la douche, c'est direct au saut du lit.)

Ce matin, il va au travail à vélo, comme prévu – son petit côté sportif, sans doute, lié à son petit côté écolo (un geste de plus pour la planète, il ne faut pas s'en priver ! Oui, Vincent est sensible aux enjeux de la préservation de l'environnement et, du coup aussi, à l'anti-gaspillage dans son métier… ça me fait penser à quelqu'un ! Je vais te raconter ça, promis !).

Casque, frontale et écouteurs dans les oreilles (aujourd'hui, un petit coup de boost avec sa playlist spécial soleil, ça le motive), le voilà donc parti à l'assaut de l'aube, le long des routes et des pistes cyclables, pour rejoindre le collège qui est à peine à une dizaine de kilomètres. Le paysage défile au son de sa playlist et du calme matinal.

Arrivé dans les temps, sans embuche, pour l'embauche de 6 heures, il pose et attache son moyen de transport du jour dans le garage spécialement réservé aux deux-roues, accolé au parking du collège.

2 étapes obligatoires avant le passage aux vestiaires

- Vincent doit passer son badge à la pointeuse (oui, oui, comme à l'usine) ; ce système a été mis en place pour maîtriser plus correctement le temps de travail. Quand tu fais trop d'heures, tu les récupères et, au contraire, quand tu n'en fais pas assez, tu dois les rattraper ! Pour Vincent, c'est une habitude, il a toujours badgé ; finalement, c'est pratique pour savoir où il en est dans ses heures. Ici, tout le monde fait pareil.
- Notre cantinier doit aussi penser à la réservation de son repas du midi, sur une borne à carte magnétique. Eh oui, Vincent et ses collègues ont beau travailler et préparer les

repas pour plus de 1 000 élèves, ils doivent, comme tous les convives, commander et payer leur repas (à un tarif préférentiel… mais chut, c'est un secret ; il ne faut rien dire, je te fais confiance !).

Direction les vestiaires !

« Salut ! Alors, comment ça va, ce matin ?
– Eh bien, il ne fait pas si froid aujourd'hui, c'est plutôt cool.
– En revanche, ça manque de pluie, en ce moment…
– Moi, ça me va comme ça car, à vélo, la pluie ce n'est pas top ! »
Vincent se change en prenant des nouvelles des collègues déjà arrivés. Il enfile ensuite un pantalon de cuisinier noir, une veste de cuisine blanche, des chaussures de sécurité et met une protection sur les cheveux (toque, calot ou charlotte). C'est la tenue réglementaire de tout bon cuisinier qui se respecte ! (Les gants ne sont pas obligatoires.)

C'est parti pour la cuisine !

Ce qui est super, c'est que, pour Vincent et l'équipe en cuisine, toutes les journées sont différentes. Entre la légumerie, la préparation froide pour les entrées/desserts et la préparation chaude pour les plats, un roulement est établi pour que chacun change de poste au fur et à mesure des jours et des semaines qui passent. La routine, ici, ça n'existe pas et tant mieux !

Ils ont un planning qui est établi par le chef, en amont, et en concertation avec l'équipe de cuisine lors d'un petit briefing, au début de l'année scolaire. Quand il y a des absences non prévues, c'est un peu rock'n'roll ! Mais vu que tout le monde connaît les différents postes de travail, c'est l'entraide qui prime et, au pire, si ce sont des absences prolongées, il y a possibilité de demander des remplaçants cuisiniers – leur poste consiste justement à remplacer les absents dans les différents établissements du secteur géographique.

Aujourd'hui, Vinc' est en poste légumerie pour la préparation des 250 kg de pommes de terre sautées prévues pour le plat chaud. Pour les entrées du jour, il faut s'occuper de pas mal de crudités : 25 kg de carottes, 15 kg de céleri à râper, 10 kg d'endives à couper pour réaliser des salades composées. De 6 heures à 8 heures, avec l'aide de la parmentière (non, ce n'est pas un poste que j'ai oublié de décrire dans la partie précédente, c'est une machine automatique qui épluche de grosses quantités de légumes) et du coupe-légumes automatique, les patates et les différents légumes sont préparés, toujours dans la joie, la bonne humeur et avec un fond de radio. Pendant ce temps-là, le reste de l'équipe est en train de cuisiner les desserts et les autres plats chauds.

Julie

Au même moment, à quelques kilomètres de distance, un autre réveil sonne, en ce matin de février. Il est 6h58 quand Julie sort de son lit, après une nuit beaucoup trop courte. Elle a encore passé une bonne partie de la soirée à discuter avec ses potes sur Snapchat et à scroller sur TikTok ; elle se dit que parfois elle ferait bien d'écouter ses « vieux » – « Éteins ton portable et couche-toi pas trop tard ! » – mais bon, il faut bien profiter ! Elle sait que, malgré son temps passé à chiller et tchater sur les réseaux, sa vie va bien ; ses parents ne l'embêtent pas trop car, avec sa moyenne de 15 depuis son entrée en 6e, sa scolarité se passe carrément bien. Après un petit dej' « équilibré » fait de chocolat chaud et de tartines de Nutella, et un passage par la case salle de bains, avec coiffage et habillage, Julie sort de chez elle, pour rejoindre l'arrêt du car. Il est 7h35. Elle attend son car pour parcourir les 12 kilomètres qui la séparent de son bahut. 10 minutes plus tard, la voilà arrivée au collège.

2 passages obligés avant les cours

- Julie doit réserver son repas du midi à la cantine, en passant sa carte à la borne de réservation. On lui a expliqué que c'était pour que les cantiniers anticipent le nombre de repas ; en effet, cela permet de calibrer les quantités en fonction des élèves présents et, ainsi, d'éviter la surproduction en cuisine et de limiter le gaspillage alimentaire. D'ailleurs, Julie regarde par la même occasion ce qu'elle va manger ce midi. La plupart du temps, elle n'est pas déçue. Aujourd'hui, c'est crudités au choix : carottes râpées ou salade composée, filet de merlu ou cuisse de canette avec pommes de terre sautées, yaourt bio et fruits au choix. « Cool, on va bien manger encore, ce midi ! »

- Très important pour tout élève qui se respecte : le passage par la vie SCO(laire). Quoi de plus important que de savoir quel professeur sera absent, en effet ?

Il est déjà 8 heures, l'heure des premiers cours a sonné et lance le début d'une longue matinée à étudier ; ce matin, c'est maths et français. Couraaage !!

Vincent

8 h : ça tombe bien, quand les élèves rentrent en cours, les cantiniers font leur petite pause matinale. Un petit temps de 10-15 minutes pendant lequel Vincent boit un café avec l'équipe de cuisine entièrement réunie. L'occasion de se raconter de petites anecdotes ou de refaire le monde de l'actualité.
Après cette pause bien méritée, Vinc' retourne avec ses collègues pour la production alimentaire du jour.
Déjà 10 heures ! Maintenant que les patates sont prêtes à être mises à cuire par l'équipe « au chaud », Vincent, lui, va prêter main-forte à ses collègues pour terminer la mise en place des entrées pour le buffet. Il est temps de procéder à l'échantillonnage des différentes entrées, qui fait aussi partie du quotidien des cantiniers : cela consiste à prélever 100 g de chaque préparation et à les stocker au frais pendant 7 jours, pour assurer la traçabilité et pour garantir la sécurité alimentaire. Comme ça, en cas d'intoxication alimentaire, le plat « coupable » est facilement trouvable. Malin, non ?

Julie

Julie, de son côté, profite de sa pause de 15 minutes avec ses potes. Elles causent cours, crush et se racontent les derniers potins du bahut ! Mais, surtout, elles attendent avec impatience l'heure de manger ; en plus, ça tombe bien, elles seront dans les premières à pouvoir aller à la cantine, aujourd'hui, car les cours se terminent à 11h30, l'heure exacte de l'ouverture du self !

Vincent et Julie

Eh bien justement, il est 11 h et Vincent est de service, ce midi. Il met donc en place le poste de service chaud et doit rédiger les intitulés exacts des plats qu'il va proposer aux élèves affamés du jour.
« Euh, Mimi ?!? Est-ce que tu pourrais écrire à ma place, s'il te plaît ? J'ai toujours une écriture de cochon, moi, dit-il à sa collègue, qui rigole en entendant sa demande.
– Ah oui, ce sera aussi bien, et surtout, plus joli ! lui répond-elle, avec un clin d'œil. »
11h15 : alors que Julie s'impatiente en salle de cours, à suivre le monologue de son prof de français sur un sujet qu'elle maîtrise déjà parfaitement, Vincent attaque le dressage de ses premières assiettes pour les agents de service, qui mangent toujours avant les élèves.

« Salut, tout le monde ! Alors, la forme ? Vous voulez manger quoi de bon ? Aujourd'hui, je vous propose, avec les pommes de terre au four, soit du filet de merlu frais, soit de la cuisse de canette ! »
Petite ou grosse faim, Vincent s'adapte en fonction des besoins, comme d'hab' !
Tous les agents sont maintenant en train de manger, avec toujours un fond musical de radio dans l'air, ça met une petite ambiance sympathique. Les surveillants font leur entrée pour surveiller (incroyable, des surveillants qui surveillent... je vois déjà mon éditrice me dire : « Attention, répétitions !! ») l'arrivée des élèves et surtout pour voir s'ils passent bien leur carte à la borne d'entrée ; il y a toujours des petits malins qui essaient de gruger !
11h30 : Julie et sa bande arrivent dans la file d'attente, il y déjà du monde, aujourd'hui ; c'est donc parti pour 10 bonnes minutes d'attente avant, enfin, de pouvoir se servir.
Vincent est à fond entre les petits tricks d'assiettes (il adore ça, épater la galerie en faisant voler l'assiette sur elle-même avant de servir !), le « Bonjour ! Tu veux quoi ? », les explications comme quoi la cuisse de canette n'est pas du poulet, et les « bon appétit » !
Julie passe enfin sa carte pour accéder au plateau, aux couverts. Elle prend une serviette en papier au distributeur situé juste à côté, puis se dirige vers la vitrine réfrigérée des desserts avant de passer aux plats chauds. Elle a toujours trouvé ça étrange de prendre en premier le sucré puis le plat, pour ensuite se servir au buffet des entrées et finir par le choix des fruits. « Il n'y a rien de logique à tout ça ! », pense-t-elle presque tout haut.
Bon, c'est l'heure du choix du parfum de son yaourt du jour. Elle déteste le parfum pêche : « C'est quoi, ce genre de personne qui apprécie ce goût de yaourt ? » Ah, soulagement, elle repère rapidement celui à la vanille, son préféré ; en plus, ce sont les bios du producteur de la ferme à proximité, ils sont vraiment trop bons !
« Bonjour, Monsieur !
– Salut, alors, tu veux quoi de bon aujourd'hui ?
– Je vais prendre du poisson, c'est quoi la sauce ?
– Un petit beurre blanc safrané avec le merlu, ça te va ?
– Oui et je veux bien un peu plus de patates, si possible !
– Oui mais juste un peu plus et, attention, on ne gaspille pas !
– Moi jamais je jette ! Merci ! Bonne journée !

– Bon appétit ! »
« Il est quand même cool, ce cantinier, par rapport à celui qui nous tire la tronche de temps en temps ! ».
Pendant que Vincent enchaîne son service sur un rythme effréné, Julie finit de se servir en pain, en entrée. Les pommes ne la tentent pas, elle ne prendra pas de fruits, tant pis.
Le repas se passe, c'est encore une fois un bon moment de convivialité autour de la table avec ses potes. Un bon groupe aussi, dirait Vincent si on lui tendait le micro, ils ne jettent jamais rien !

Clap de fin... mais pas pour tout le monde !

13 heures : c'est le retour en cours pour Julie, qui va passer une après-midi à l'image du matin. Vincent, lui, sert les derniers retardataires.
Oh mais c'est que tout ça l'a mis en appétit, lui aussi ! C'est le moment de ranger et de nettoyer son poste de service, avant de passer à table à 13h30, avec toute l'équipe de cuisine. Attention, plus de surveillants à cette heure mais le passage de la carte est valable pour tout le monde !
C'est très agréable de manger à cette heure, le réfectoire se vide, le brouhaha ambiant des élèves se fait moindre. « Humm, quel délice, cette cuisse de canette, quand même (en toute modestie) ! », se disent notre chef cuistot et sa bande.
14 h : un petit café bien apprécié, avant de terminer la journée par une bonne séance de nettoyage dans les règles de l'art. Et comme pour la production du matin, chacun sait ce qu'il a à faire. L'idée est de bien désinfecter et rincer les plans de travail. C'est vraiment appréciable de travailler dans une cuisine propre, donc tout le monde s'y met avec entrain ! Pendant que Vincent s'attèle à nettoyer les différentes portes de four, ses collègues prennent le relais pour rincer et essuyer. La cuisine est grande et la surface des sols à nettoyer l'est tout autant ! Pas de serpillière en cuisine, c'est jet d'eau avec du produit de nettoyage spécial, un bon coup de balai-brosse, puis l'eau est évacuée à l'aide d'un balai-raclette dans les bouches d'évacuation. Tout un programme !
15h : bip de fin à la pointeuse pour Vincent, pendant que Julie, elle, en a encore pour deux bonnes heures de cours... Hé hé, qui se lève plus tard, eh bien finit plus tard !

8

Coup de feu au self !

Tu as déjà eu droit au récit haletant de la journée de Vincent le cuistot. Voici maintenant la saga non moins passionnante de mes midis de cantinier. Action, on tourne !

11H29

Tout est enfin prêt en cuisine, pour le service qui va débuter dans 1 minute. Je resserre bien le tablier autour de ma taille, les assiettes sont à bonne température dans les « chauffe-assiettes », mon calot correctement ajusté et, évidemment, les plats sont prêts à être servis pour le coup de feu. Dans la joie, la bonne humeur et avec un fond musical (souvent la radio), c'est toujours plus agréable !

11H30

« Bonjour l'équipe !! C'est bon, on peut vous envoyer les fauves ? Hihi, ils ont les crocs, ce midi ! », nous dit Céline, l'une des deux surveillantes qui guettent les futurs fraudeurs du midi. Ah ça oui, dans la file d'attente, c'est Disneyland ; entre ceux qui essayent de « gratter » pour passer devant les potes et ceux qui tentent de passer la borne d'accès au self sans présenter leur carte, le poste de surveillant n'est pas de tout repos !

11H31

Les premiers « Bonjour » et « Bon appétit » se font entendre au milieu du bruit des élèves débarquant, affamés, dans l'antre de la bonne nourriture ! Et, forcément, dans le lot, il y a parfois des perles !
« Pardon, excuse-moi mais c'est normal, ça ? demandé-je à un étudiant.
— Euh quoi ?!?
— Le soda sur ton plateau qui vient de chez L***, bah, du coup, ce n'est pas autorisé et même franchement interdit... Tu me le donnes et je te le rends après, OK ? »
Et ça enchaîne dans le feu de l'action, les lycéens passent les uns après les autres et demandent leurs plats chauds en alternant les « je veux ça et ça », « la même chose, s'il vous plaît », « c'est quoi, ça ? ».
Ah, le « c'est quoi, ça ? » en plein service, alors que les menus sont affichés en long, en large et en travers, et même publiés sur le site Internet du lycée. Le nom des plats est même écrit et décrit sur les lignes du self (tu sais, ce sont les endroits où les élèves font glisser leurs plateaux devant les vitrines des entrées et devant les plats chauds servis par les cuisiniers, un peu comme dans les restaurants de la chaîne bien connue qui commence par un « F » et qui finit par un « ch »). On reste zen et on en rigole : « Bah alors, tu sors de 4 heures de philo ou quoi ? C'est pas possible ! »

11H40

C'est maintenant l'heure du premier ravitaillement en plats chauds et en entrées. Pendant tout le temps du service, tout est déjà prêt à être servi mais une partie reste en stock dans la cuisine ; dès que je vois que je vais bientôt manquer d'un plat, je demande un complément. Mon collègue dit « Le lapin » fait d'innombrables allers-retours entre la cuisine, le self et la plonge pour me ravitailler, débarrasser et emmener les plats vides à la plonge-batterie (ah, encore un terme qui fait partie de notre jargon professionnel ! Mesures-tu ta chance de recevoir cette initiation ? Alors, tu devines ce que c'est ? Mais non, ça n'a rien à voir avec les studios d'enregistrement pour nos amis les musicos, voyons !). Il court, il court, le lapin ! Mais rassure-toi, tout le monde y passe : un jour, on est au service, comme moi aujourd'hui, et un autre, on inverse les rôles et je passe en coulisses ! Pas d'espace pour la routine, c'est plus sympa pour tout le monde !

11H55

On a déjà servi 242 élèves, la cantine est bien animée, le flot des « bonjour, s'il vous plaît, bon appétit, bonne journée » continue.

« Bonsoir, Monsieur !

— Ah non, t'es en décalage horaire, toi ! C'est le jour, c'est bonjour ! »

Encore une élève un petit peu la tête dans les nuages, c'est drôle. Mais je n'oublie pas le plus important et je fais bien attention à mettre les quantités adaptées à chaque élève par ces simples phrases devenues presque systématiques : « Ça va en quantité ? Un peu de sauce ? Pas trop de viande ? Plus ? Moins ? Un peu ? Beaucoup ? Passionnément ? XL, L ou bien XS ? » J'alterne les formulations, la routine c'est pas ma copine !

« Eh monsieur, je veux bien que la viande, s'il vous plaît !

— Bah, t'es allergique aux légumes ? (Ton humoristique, bien entendu.) Ah, t'as raison, trop de vitamines, faut faire attention ! Non mais, plus sérieusement, ce sont des légumes frais cuisinés avec amourrrrr, tu veux peut-être en goûter un tout petit peu ? »

Et là, j'ai en général deux types de réponse, selon les profils. Il y a celui qui va dire : « Non, j'ai déjà goûté, j'aime pas ça. » Et celui qui va se laisser tenter et être curieux : « Merci, Monsieur ! Je vous dirai si j'ai aimé ! »

Mais qu'est-ce qu'ils ont à tous à m'appeler « Monsieur » ? C'est fou, j'ai l'impression d'être une vieille personne ! Merci mais le respect a ses limites ! « Tu peux m'appeler Guillaume, je ne suis pas un prof et regarde, à l'autre poste de service, c'est Liliane. »

L'HEURE TOURNE, IL EST MAINTENANT 12H20.
Nous avons servi plus de 556 lycéens et mes collègues Mimi et Frédo, qui s'occupent du ravitaillement du pain, des entrées, des desserts et qui font des allers-retours dans la salle de restauration, accourent nous dire : « Vous pouvez arrêter de servir 5 minutes ? Il n'y a plus de places assises et les élèves tournent en rond pour trouver une table libre ! » Complet, on est complet, on patiente. Le temps pour moi de donner un petit coup de propre sur mon poste de service. J'ai, en effet, toujours une petite lavette (sorte de lingette mais nettoyable, donc non jetable) à disposition. C'est quand même plus agréable de travailler quand tout est nickel chrome ! Mais ce n'est plus le temps de lambiner, le service reprend de plus belle dès que se fait entendre cette phrase : « C'est bon ! Vous pouvez continuer, des places se sont libérées ! », nous disent Mimi et Frédo.

Ouh là, on est aussi sur le qui-vive aujourd'hui, car ce sont des pâtisseries maison qui sont proposées en dessert. Pour te donner le détail, on a fait 750 tartes aux fraises et 250 tartes au citron meringuées (eh oui, que tout ça ! Si cela t'amuse, rends-toi au chapitre « Les quantités XXL de la cantine », p. 190, pour avoir une idée encore plus précise des plats pharaoniques que nous devons préparer chaque jour). Pour revenir à nos tartes, autant te dire que l'on n'en a fait qu'une par élève (avec une marge de sécurité) et que la tentation est forte chez les gourmands pour en prendre deux.

On connaît heureusement toutes les techniques, on a l'œil et le bon ! Le dessert sous la serviette, sous le plateau, dans le sac et les vêtements pour les plus téméraires, les élèves qui reviennent se servir : « Mais Monsieur, on n'avait pas vu qu'il y avait des desserts » ; ou bien « C'est pour ma pote, elle avait oublié d'en prendre ». Bref, toutes les stratégies sont bonnes dans ces cas-là.

Moi ça me fait rire, surtout quand j'en surprends un ou une (oui, oui, les filles sont souvent les plus malines à ce jeu-là) en plein délit de double dessert ! « BRDD bonjour : Brigade de répression des doubles desserts ! C'est un dessert et pas deux, je l'ai vu, tu peux le reposer, merci ! » (Ton humoristique bien ou mal perçu, ça dépend.)

Je reçois parfois ce genre de réponse magique... Ah, ils ne manquent pas d'imagination, mes petits protégés (mais oui, je les aime quand même ! C'est bien humain, tout ça !) :
« Mais Monsieur, et les microbes, l'hygiène, tout ça, je l'ai déjà touché !
— Pas grave, ceux de 13 heures seront contents d'en avoir, hein, faut penser à tout le monde. (Avec le ton sérieux de circonstance ; si, si, ça m'arrive !) »

Justement, ouh là là, que le temps passe vite, il est déjà **13 heures** et le ballet continue.

13H30

Bon, ça y est, les derniers élèves ont été servis, je range et je nettoie mon poste de travail. Un petit tour à la plonge-vaisselle pour aller checker le gaspillage alimentaire. J'arrive à côté de l'immense tunnel à vaisselle (alors, c'est vraiment un tunnel, je te jure : d'un côté, on y met la vaisselle sale sur un tapis roulant, ça passe dans ce qui ressemble au tunnel du Mont-Blanc, mais en plus petit. Et arrivée au bout du tunnel, la vaisselle ressort propre et sèche), les collègues de la plonge sont encore à fond. Je leur pose ma petite question rituelle :
« Alors, ça va ? Tout se passe bien ? Pas trop de gaspillage, aujourd'hui ?
— Franchement, ça va, il y en a très peu, ça fait plaisir ! »
Cool, un bon service, en somme. Les élèves ont bien mangé, c'est satisfaisant. Je traverse la salle de restauration, c'est maintenant l'heure pour nous de déjeuner... mais là, qu'est-ce que je vois, par hasard, lors de mon passage en salle ? Une tablée de 4 élèves avec un soda (je ne cite pas de marque, promis !) au milieu des plateaux.
« Ça va, les gars ? Tranquilles ? Tout se passe bien ?
— Oui merci, Monsieur, c'était très bon.
— Oui, ça je me doute, vos plateaux sont vides ; mais c'est quoi, ça ?
— Bah, une canette !
— Oui, j'ai bien vu ! Juste pour vous dire que ce n'est pas autorisé, en fait ; donc je préviens juste, mais ne recommencez pas, je vous remercie !
— Ah pardon, Monsieur, on savait pas ! (Mauvaise foi, bonjour !)
— Non, moi c'est GUILLAUME ! »
Bref, un service normal et on aime ça !

9

La **diversification alimentaire** à l'école et à la maison

Maintenant que tu sais (presque) tout sur le monde secret de la cantine et de la restauration scolaire, je vais te parler d'un sujet essentiel au bon développement des enfants : la diversification alimentaire. Et comme l'éducation, elle se travaille autant au réfectoire qu'autour de la table familiale ! Mais c'est quoi, exactement, la diversification alimentaire ?

Il faut savoir que la diversification alimentaire est un processus progressif qui accompagne l'enfant de la naissance à l'âge adulte, dont chaque étape nécessite une approche adaptée pour répondre aux besoins nutritionnels spécifiques, tout en favorisant des habitudes alimentaires saines. Autant te dire que tout ça commence bien avant que nos chères têtes blondes ne mettent le pied dans une cantine ! Il est reconnu qu'il est important de leur offrir une ouverture au goût dès leur plus jeune âge. Et je te confirme bien qu'une éducation nutritionnelle continue et une atmosphère positive autour des repas (#idée-à-retenir et pas que à la maison, pour le coup) sont essentielles pour aider les enfants à devenir des adultes bien nourris et en bonne santé.

Bien sûr, ensuite, la restauration scolaire aura son rôle à jouer, et ce, tout au long de leur scolarité.

Prêt à partir à la découverte des grandes étapes de l'aventure de la diversification alimentaire ? Allez, je t'embarque ! Et je te proposerai, au fil de l'eau, quelques points d'actions concrètes pour qu'une belle synergie se mette en place entre les parents et le monde la cantine, lorsque le moment sera venu.

DU TOUT-PETIT À L'ADOLESCENT, OU À LA CONQUÊTE DES GOÛTS !

DE 0 À 6 MOIS : LE RÈGNE DU LAIT DU PETIT CHEVALIER BÉBÉ

Comme le dit la sage-femme que je ne suis pas, « l'allaitement maternel est essentiel et conseillé ». En tant que GRAND spécialiste du sujet (j'ai deux enfants, hé !), je confirme que ça lait (jeu de mot subtil !) pour des nuits paisibles… surtout pour les papas ! Bon, bien sûr, je suis pour le partage des tâches (je me dépêche de le dire pour qu'il n'y ait pas de malentendu) et je respecte les mamans qui font le choix de ne pas allaiter, pour des raisons médicales ou autres.

Les premiers mois de vie sont entièrement consacrés à une alimentation lactée et le lait maternel est l'aliment idéal pour le nourrisson, apportant tous les nutriments nécessaires à sa croissance et à son développement, ainsi que des anticorps qui renforcent son système immunitaire. L'Organisation Mondiale de la Santé recommande un allaitement exclusif jusqu'à l'âge de six mois. Bien sûr, si l'allaitement n'est pas possible ou pas souhaité, le lait infantile peut constituer une alternative adaptée pour les nourrissons.

La diversification commence dès cette première étape de la vie, en fonction de ce que mange la maman ; sais-tu pourquoi ? Moi, je me suis d'abord dit : « Bah, ce n'est que du lait, quoi ! À part le lactose, il y a quoi ? » Tu seras étonné de voir tout ce qui constitue le lait maternel :

- des glucides, dont le fameux le lactose, qui fournit de l'énergie au bébé et favorise la croissance de la flore intestinale ;

- des lipides riches en acides gras essentiels, importants pour le développement du cerveau et du système nerveux. Ils fournissent également de l'énergie et contribuent à l'absorption de différentes vitamines ;

- des protéines, qui fournissent les acides aminés essentiels à la croissance et au développement du chevalier Bébé ;

- toutes les vitamines et minéraux dont le bébé a besoin, dans des proportions idéales pour son développement. Il faut bien comprendre que la diversification alimentaire de la maman est répercutée dans le lait maternel ;

- des anticorps et d'autres facteurs immunitaires qui protègent Chevalier Bébé contre les infections pendant la grande conquête qui l'attend : la Conquête du goût !

DE 6 MOIS À 1 AN : CHEVALIER BÉBÉ PART À LA DÉCOUVERTE DES ALIMENTS SOLIDES

À partir de 6 mois, fini le repos des papas (s'ils ont pu bénéficier de leur « congé spécial allaitement ») car le lait maternel, bien que conseillé jusqu'à l'âge de 2 ans, ne suffit plus à la croissance de Monsieur le Chevalier Bébé ! En effet, ses besoins nutritionnels évoluent, puisqu'il tend à devenir un Chevalier Enfant. C'est donc le moment d'introduire des aliments solides, tout en continuant l'allaitement ou le lait infantile. Cette période est cruciale pour l'acceptation future des aliments variés. « Acceptation » va de pair avec « diversification », bien entendu !

Plusieurs principes de base sont recommandés pendant cette étape :

- Premièrement, il est préférable d'introduire très progressivement les différents aliments, pour surveiller les réactions allergiques.

- Deuxièmement, il est important de ne pas rajouter de sel et de sucre, Chevalier Bébé s'approprie les goûts naturellement et n'a pas besoin d'artifice alimentaire pour avancer dans sa conquête !

- Ce qui nous emmène au « troisièmement », temps pendant lequel il commence par des purées lisses faites de légumes, de fruits, puis de céréales enrichies en fer. C'est grâce à cette étape que les enfants accepteront et apprécieront les bons légumes proposés ensuite dans les cantines ! Mais ne sautons pas les étapes car Chevalier Bébé n'y est pas encore !

- Car en « quatrièmement », il goûte maintenant des aliments riches en fer comme la viande, le poisson et les légumineuses (ahhh, les légumineuses ! Tu sais, c'est ce que l'on appelle l'« alternative végétarienne » alors que, de base, ce n'est pas une alternative, ça fait juste partie d'une alimentation diversifiée).

- Et enfin, Chevalier Bébé passe progressivement d'une texture de purée très lisse à de petits morceaux et commence à découvrir la mastication des aliments, mastication essentielle au bon développement de son système nerveux.

DE 1 AN À 3 ANS : CHEVALIER ENFANT CONSOLIDE SES HABITUDES ALIMENTAIRES

Cette étape de la vie est faite de la diversification des saveurs et des textures, ce qui n'est pas de tout repos pour notre preux chevalier, lequel doit surmonter plusieurs obstacles et gagner la grande bataille de la néophobie alimentaire. Celle-ci concerne, en effet, bon nombre d'enfants entre 12 et 24 mois ! C'est que, malgré la curiosité alimentaire qui caractérise cet âge, c'est aussi la période du « non » (hmm, les bons souvenirs qui me reviennent, là) !
Je vais te parler un peu de cette fameuse néophobie qui peut devenir aussi pour les parents une phobie en soi. Car quand on connaît bien son ennemi, il est plus facile de le combattre dans les règles de l'art (n'est-il pas ?). La néophobie alimentaire, c'est la réticence à manger des aliments nouveaux. Concrètement, cela peut se traduire par un comportement différent de l'enfant face à son assiette en fonction de ce qui lui est proposé. Il va passer plus de temps à explorer sa nourriture : la triturer, l'observer, la sentir, la jeter ou que sais-je encore ! On observe plusieurs « levels » de néophobie :

- **Le level zéro :** certains enfants ne connaissent pas cette étape.

- **Le level flexible :** c'est plutôt une réticence à manger. L'enfant hésite à goûter l'aliment, il le triture beaucoup. Il a souvent des comportements exploratoires face à son assiette. Certains vont tout de même porter à la bouche une infime partie de l'aliment, sans vraiment le manger. En gros, ils testent, ils tâtent le terrain.

- **Le level rigide :** il y a un rejet total de tout nouvel aliment.

- **Le level « expert » :** alors là, c'est une hyper-sélectivité alimentaire qui relève de la pathologie. L'enfant mange tellement peu d'aliments qu'il est conseillé de consulter un médecin car, dans ce cas extrême, Chevalier Enfant n'aura pas les armes nécessaires pour ce combat titanesque !

Mais rassure-toi plusieurs stratégies peuvent lui être proposées pour gagner cette bataille de la néophobie alimentaire car, la gagner, c'est faire un pas de plus vers une véritable diversification alimentaire !

Stratégie numéro UNE : proposition de goûter un tout petit bout de l'aliment

« Chevalier, aujourd'hui cette nourriture te fait peur et tu n'as pas envie de la manger car, oui, l'inconnu fait peur. Moi, en tant que conseiller dans la Conquête du goût, je te propose juste de te la faire découvrir en te donnant un tout petit bout juste pour goûter et non pas pour manger. Et qui sait, peut-être apprécieras-tu ce délicieux mets, mon cher Sir ? »

Stratégie numéro DEUX : exploration libre de la nourriture

« À toi la conquête libre des mets qui te sont proposés, vaillant petit bonhomme ! Maintenant, je te suggère de toucher, touiller, tripoter, sentir ce que tu as dans ton assiette. Je te laisse "jouer avec la nourriture" car je sais que tu en as besoin pour te mettre en confiance ! Et qui sait, peut-être qu'en enfonçant tes doigts, tes mains (mais pas tes pieds, faut pas abuser !) dans les aliments, accepteras-tu de les mettre dans la bouche pour découvrir les vrais plaisirs de la bonne ripaille ? » (Oh, là, j'ai trop regardé *Les Visiteurs*, moi !).

Stratégie numéro TROIS : l'imitation

« Oh miroir, mon beau miroir, dis-moi ce que tu manges et je ferai de même.

– Mon petit, voici le moment de prendre exemple sur tes camarades, tes frères et tes sœurs. Regarde comme ils se régalent ! Ne voudrais-tu pas y goûter, maintenant ? » (Chut, c'est un secret mais l'imitation est un mécanisme d'apprentissage subtil, donc autant s'en servir pour faire accepter la nourriture aux enfants !) »

Stratégie numéro QUATRE : la familiarité

« Toi, l'aventurier du goût, j'ai quelque chose de nouveau à te faire découvrir mais, rassure-toi, j'y ai mélangé un de tes aliments préférés ! Ne sois pas effrayé, tu vas voir qu'ensemble tu vas les adorer. Car je vais te dire, la familiarité va te réconforter et, ainsi, avec cette arme de plus en poche, tu vas pouvoir conquérir de nouvelles terres de dégustation gastronomique inconnues. »

Stratégie numéro CINQ : la participation à cuisiner
« Il est venu le temps (pas des cathédrales) pour toi, jeune moussaillon, de partir à l'aventure derrière les fourneaux et ainsi de participer à des ateliers pour en apprendre plus sur la transformation des aliments que l'on appelle « cuisine ». Toucher la farine, casser des œufs, mélanger les crêpes, pétrir les pâtes, observer la découpe et la cuisson des légumes : tout cela te mettra en confiance dans ton exploration du goût et tu pourras ainsi mieux apprécier ce que tu auras cuisiné. Et tu pourras dire un jour à tes parents : "Merci, grâce à vous, je suis devenu Chevalier 1er du nom de la Table ronde du Goût !" »

Petits conseils en plus
En parallèle de cette bataille contre la néophobie alimentaire, les purées, les mixés auront complètement disparu et, pour ce qui est de l'hydratation, il sera fortement déconseillé de proposer au petit Chevalier des boissons sucrées, en privilégiant l'eau tout simplement.
Tous les fruits et légumes sont maintenant à sa disposition ainsi que toutes les protéines, qu'elles soient d'origine animale ou végétale : viande, poisson, œufs, légumineuses. Sans oublier les produits laitiers comme le lait, les yaourts, le fromage. Et bien sûr, tout ce qui est céréales et féculents : pain, riz, pâtes, pommes de terre. La diversification est mise en place et se doit de perdurer pour notre Conquérant Chevalier.

DE 3 À 6 ANS : CHEVALIER ÉCOLIER AFFIRME SES PRÉFÉRENCES

À cet âge, notre petit chevalier grandit beaucoup et commence à affirmer ses préférences et ses goûts alimentaires. La bataille pour une bonne diversification alimentation n'est pas encore gagnée et il faut continuer les efforts en lui proposant toujours une alimentation équilibrée et à son goût ; ce qui n'est pas de tout repos, en effet, mais le jeu en vaut la chandelle.
Les 4 conseils à suivre dans cette période dans la grande quête de la diversification alimentaire pendant laquelle un nouveau territoire est à découvrir : celui de la cantine ; cantine qui, bien évidemment, a aussi son rôle à jouer dans cette drôle d'aventure.

Conseil numéro 1

« Il te faut absolument maintenir une structure de 3 repas par jour, avec le petit goûter du 4 heures (je ne sais pas si ça se dit encore mais ça me rappelle mon enfance !). Attention, Chevalier, je te mets en garde contre cette mauvaise habitude qui peut te tenter à tout moment, un adversaire de taille contre lequel tu devras lutter au quotidien, un peu le Boss à terrasser quand la faim vient mais qu'il n'est pas l'heure... tu devines qui ? Le "Gris Ny Otage" ! (Écrit comme ça, ça fait peur, non ?). Oui, je te mets en garde car le fait de consommer de la nourriture en dehors des repas principaux peut paraître anodin mais cette habitude peut avoir des conséquences néfastes pour la santé, comme un déséquilibre alimentaire et une prise de poids. Et, paradoxalement, elle peut aussi provoquer une baisse de la satiété pendant les repas car en grignotant régulièrement, le corps s'habitue à recevoir de petites quantités de nourriture en permanence, ce qui peut rendre plus difficile la sensation de la fin de la faim, lors des repas principaux.

Conseil numéro 2

« De plus en plus habile tu es, Chevalier, je le vois bien, alors n'hésite pas à participer à la préparation des repas, à cuisiner avec tes parents (qui prendront le temps de t'apprendre les rudiments de la cuisine, si ce n'est pas déjà fait). Et demande, pourquoi pas, quand tu es à la cantine, comment c'est préparé, d'où ça vient, qui l'a cuisiné. Avec un peu de chance, une visite des grandes cuisines peut être organisée par mes confrères les cantiniers ! La curiosité, dans ces cas-là, n'est pas un vilain défaut mais une bonne qualité dont tu pourras être fier ! »

Conseil numéro 3

« Tu vas rencontrer sur ta route une variété d'aliments que parfois tu n'apprécieras pas, jeune Chevalier, mais on continuera de te les proposer car le goût, ça se travaille au quotidien ; et quelque chose que tu n'aimes pas manger aujourd'hui mais que tu auras quand même goûté, c'est quelque chose que tu aimeras probablement plus tard. Dans la grande aventure de la diversification alimentaire, il n'est jamais trop tard ! »

Conseil numéro 4

« "On n'est jamais mieux servi que par soi-même." Telle sera ta devise, Chevalier, et même si se faire servir est une chose plutôt agréable, on ne va pas se mentir, il est important que tu gagnes en autonomie sur ce sujet. Tu apprendras ainsi, au fur et à mesure, les justes quantités dont tu as besoin pour bien grandir. »

Les priorités des cantiniers

- Apprendre à communiquer sur les quantités servies aux élèves en fonction de leur faim.
- Proposer des visites immersives de la cuisine.
- Inviter les producteurs locaux à rencontrer les élèves, dans le but d'informer ces derniers sur la provenance des aliments qui leurs sont proposés à la cantine.

Le rôle des parents, pour compléter

- Motiver leurs enfants à participer activement aux courses et à la préparation des repas.
- Consulter les menus proposés à la cantine pour ne pas proposer le même plat, le midi et le soir.
- Varier les propositions de repas et faire juste goûter pour inviter à une découverte.

DE 6 À 12 ANS : L'AUTONOMISATION DU CHEVALIER

Entre 6 et 12 ans, période de l'école primaire, Chevalier gagne de plus en plus en autonomie et mange plus souvent à l'extérieur du cadre familial, notamment à la cantine ou chez des amis. Il lui faut s'armer de plus en plus dans la Conquête du goût. C'est le moment idéal pour renforcer son éducation nutritionnelle et l'encourager à faire des choix judicieux pour se maintenir en très bonne santé grâce à ces quelques conseils :

« Chevalier, je vais t'enseigner l'importance de chaque groupe alimentaire nécessaire au bon développement du corps humain. C'est pour cette raison que tu dois manger de tout, que ce soit à l'école ou à la maison. Oui, je sais, ce n'est pas toujours évident mais tu vas voir, en apprenant la nature de chaque groupe alimentaire, tu auras une connaissance approfondie de l'alimentation et cela te motivera. Foi de Cantinier ! »

La pyramide alimentaire est un outil visuel simple et efficace qui permet de comprendre les principes d'une alimentation saine et équilibrée. Elle répartit les aliments en différents groupes, en fonction de leur importance et de la quantité à consommer quotidiennement.

Les différents niveaux de la pyramide alimentaire

- **À la base :** en abondance et sans modération, c'est de l'eau dont le corps a besoin ! Celui-ci est en effet composé à 70 % d'eau et notre cerveau en contient plus de 85 %. L'hydratation des nerfs, des organes et de tous les tissus est nécessaire à leur bon fonctionnement. Donc eau et boissons non sucrées à volonté !

- **Au premier étage : les aliments à consommer à tous les repas.** Ce sont les aliments riches en glucides complexes, fibres et vitamines, essentiels pour fournir de l'énergie à l'organisme. On y trouve :
  - les féculents : céréales complètes (riz brun, pâtes complètes, quinoa...), pain complet, pommes de terre... ;
  - les fruits : frais, secs ou surgelés, entiers ou en jus ;
  - les légumes : frais, surgelés ou en conserve.

- **Au deuxième étage : les produits laitiers.** Ils sont importants pour leur apport en calcium et en protéines. Il est recommandé de consommer 2 à 3 produits laitiers par jour, tels que :
  - le lait et les yaourts : nature, demi-écrémés ou enrichis en calcium ;
  - les fromages : fromages blancs, fromages frais, gruyère, comté...

- **Au troisième étage : les viandes, poissons, œufs et légumes secs.** Ces aliments sont riches en protéines, en fer et en d'autres nutriments essentiels. Il est conseillé de les consommer 1 à 2 fois par jour, en privilégiant :
  - les viandes maigres : volailles, poisson, lapin, bœuf maigre... ;
  - les œufs : 1 à 2 œufs par jour ;
  - les légumes secs : lentilles, pois cassés, haricots blancs...

- **Au quatrième étage : les matières grasses.** Elles sont importantes pour le bon fonctionnement de l'organisme mais il faut les consommer avec modération. On trouve dans ce groupe :
  - les huiles végétales : huile d'olive, huile de colza, huile de noix... ;
  - le beurre et la crème : en petite quantité ;
  - les fruits à coque et les oléagineux : noix, amandes, noisettes, olives...

- **Au sommet de la pyramide :** le sucre. C'est l'ennemi public numéro 1 pour le corps humain et, malgré le plaisir qu'il procure, il est préférable de limiter sa consommation. Voici une « petite liste » des dégâts collatéraux qu'il peut causer à l'organisme :
  - Une maladie du foie : la surconsommation de sucre peut entraîner une stéatose hépatique non alcoolique, c'est-à-dire une accumulation de graisse dans le foie (scientifiquement prouvée).
  - De l'obésité et un surpoids car un excès de sucre dans l'alimentation favorise le stockage des graisses.
  - Un diabète de type 2 : une consommation excessive de sucre peut en effet entraîner une résistance à l'insuline, hormone chargée de réguler le taux de glucose dans le sang (oui oui, j'ai effectué des recherches sérieuses sur le sujet !).
  - Des maladies cardiovasculaires (rien que ça !).
  - Sans oublier les problèmes dentaires avec l'apparition de caries.

En plus de la pyramide alimentaire

- Il est recommandé de limiter la consommation de sucres ajoutés, de sel et de produits transformés.
- Il est important de varier son alimentation et de manger des aliments de saison.
- Il est conseillé de faire de l'activité physique régulièrement.

Les priorités des cantiniers

- Respecter la saisonnalité pour la conception des menus.
- Faire très attention aux apports caloriques des menus proposés.
- Commencer à proposer des choix de buffets d'entrées ou de desserts, dans le but d'un gain d'autonomie.

Le rôle des parents, pour compléter

- Faire des petites réunions de famille mensuelles pour que chacun donne ses idées de repas.
- Mettre en garde leurs enfants sur les dangers de la surconsommation de sel, sucre et matières grasses.
- Tu disposes d'un balcon ? D'un jardin ? Lance-toi dans la production potagère à petite échelle, pour montrer à tes enfants comment les fruits et légumes poussent.

DE 12 À 18 ANS : L'INDÉPENDANCE DU CHEVALIER

Arghh !! Maintenant, Chevalier devient adolescent et s'il est encore « encadré » dans sa période collégienne jusqu'à ses quinze ans, l'arrivée au lycée appelle les tentations gustatives externes ! En vérité, ces tentations arrivent doucement avec le collège : on sort des cours qui ont fini plus tôt que prévu, on ne prévient pas les parents et on file discrètement à la boulangerie du coin pour se faire un « petit » encas gras et sucré en bonne et due forme ! (Si toi qui lis, tu es toi-même dans ces âges, tu sais, on ne me la fait pas !) Au lycée, on est dans le secondaire, on est donc un niveau au-dessus : dès la moindre heure de libre dans la journée, on file direct au supermarché (comme pas-par-hasard, il y en a toujours un pas loin ; et je ne te parle même pas des fast-foods et des foodtrucks, qui connaissent bien leurs cibles !) pour se rassasier en chips, sandwichs et autres sucreries-plaisirs. (Je dis ça en connaissance de cause car, quand j'étais au lycée, j'étais bien tenté par le goût de la liberté, moi aussi !)

Chevalier a bien le droit de la conquérir, sa liberté, mais à nous, cantiniers et parents, chacun avec nos forces, de tenter de le raisonner dès qu'il se laisse séduire par les sirènes de la malbouffe ! Tu vas me dire : « pas facile »... et tu auras bien raison car tous les conseils apportés à cet âge sont bien souvent balayés d'un revers de la main par l'adolescent rebelle : on va dire que cela fait partie du charme de cette période !

Les priorités des cantiniers

- Proposer des menus diversifiés, à choix multiples.
- Mettre en place des affichages sur les déviances de la malbouffe.
- Organiser des journées d'immersion complète dans les cuisines pour montrer aux jeunes tout le temps que cela prend de concocter de bons repas.

Le rôle des parents, pour compléter

- Éviter le « trop » d'argent de poche pour limiter les « sorties extrascolaires » sucrées.
- Continuer de faire participer les ados à la préparation des repas.
- Toujours mettre des fruits à disposition pour les « encas intempestifs ».

RECETTES ET ASTUCES POUR FAIRE AIMER LES LÉGUMES DE SAISON AUX ENFANTS

C'est un casse-tête quotidien pour de nombreux parents de faire manger ou au moins tenter de faire apprécier des légumes à nos chères têtes blondes, sans avoir un scandale en règle ! En s'attendant à cette réponse qui revient en boucle : « On n'en veut pas de tes légumes, c'est pas bon !! »

Voici donc quelques recettes, tips et astuces pour parvenir à tes fins de légumes, ô toi, courageux parent cuisinier ! Le but n'étant pas non plus de cacher le légume à tout prix ! Et comme on l'a déjà dit auparavant dans ce chapitre, il ne faut pas hésiter à faire participer les enfants à ces préparations culinaires végétales.

LES SOUPES, POTAGES ET GASPACHOS

Ils sont vraiment efficaces pour faire découvrir de manière douce différents légumes, et ce, en toute saison !

- Le principe des potages est ultra-simple et ne mérite pas forcément une recette à suivre à la lettre. Attends, tu vas comprendre rapidement : une noisette de beurre dans une casserole, un mixeur prêt à être utilisé et hop, c'est parti ! Fais revenir un oignon puis différents légumes coupés en petits cubes ; une de mes associations favorites, c'est pomme de terre, panais, poireau et potiron (dont on garde la peau, soit dit en passant), sel poivre, épices selon tes goûts (muscade, curcuma, etc.). Puis verse de l'eau à hauteur des légumes. Cuisson à couvert pendant 20/25 min, puis mixage et un petit rajout de crème fraîche. Tu présentes ça à table avec quelques croutons ou du vermicelle (ou les deux !), un soir, et le tour est joué ! Selon la saison, tu peux ainsi varier les légumes.

- L'été, un petit gaspacho servi avec du melon, du bon pain et des rillettes de sardines peut aussi faire son effet auprès de tes enfants. Allez : 5 belles tomates dans un blender avec un demi-concombre, un bout de poivron vert, une gousse d'ail, du basilic et un filet d'huile d'olive. Assaisonne à ta convenance. Frais et désaltérant, c'est encore un bon moyen de faire apprécier les crudités à nos chevaliers de tous âges, et en plus, si ça vient du jardin, c'est encore mieux !

LES SALADES DE FÉCULENTS

Savoir allier plaisir de manger avec crudités en tout genre, c'est par ici que ça se passe ! Bon, faisons le point : autant les carottes ça passe assez facilement, autant avec les concombres à la crème, les salades d'endive aux noix, l'affaire est un peu plus complexe ! Mieux vaut te le dire sincèrement, chez moi, on est sorti du format entrée/plat/dessert ; c'est plutôt, maintenant, plat bien garni ou grosse salade composée avant de passer au dessert... cela fait moins de travail pour le cuisinier et les enfants préfèrent. L'ambiance à table s'en trouve nettement allégée !
Du coup, les salades de féculents (riz, pâtes, pomme de terre) peuvent devenir des plats très complets et c'est aussi le moyen de faire passer la pilule des crudités mal aimées. Ici, le principe pour une portion, c'est 60/70 g de féculents cuits/refroidis, c'est une mayogrette (mayonnaise, moutarde et vinaigre de ton choix), et après, tu y mets par

exemple une endive émincée, une tomate, du concombre, un œuf dur, du saumon fumé ou du jambon. Parfois, j'ajoute aussi du chou blanc ou rouge finement émincé et c'est largement apprécié !

Une des salades préférées de mes enfants, c'est la salade de perles (perles de pâtes) avec une mayogrette au citron, du concombre, de l'endive et de la truite fumée : tout simplement un régal !

LES PLATS PLAISIRS, VERSIONS LÉGUMES

Allez, je vais être sympa, je vais te donner des recettes précises de mes plats plaisirs revisités avec des légumes ! Pizzas, wraps, lasagnes et cakes, nos chères têtes blondes et brunes en raffolent ! Alors profitons-en pour les agrémenter de nos meilleurs légumes.

Ma petite fierté, c'est que j'ai réussi à faire aimer les poireaux à mes enfants : j'ai truandé, les premières fois, en y ajoutant du jambon, du saumon, des lardons et même différentes épices ! Et maintenant, même la version picarde sans fromage, ils en réclament !

Je t'en passe et des meilleurs mais, dans le principe, tout ce qui est cakes salés, gratins de pâtes, lasagnes, etc., tous ces plats peuvent passer, si je puis dire, à la casserole des légumes ! Quoi de meilleur aussi qu'un bon couscous pour manger, par exemple, des navets, des rutabagas ou des carottes ? La cuisine n'a pas de limite et c'est aussi comme ça qu'on pense nos menus, à la cantine.

PIZZA AUX COURGETTES

Ingrédients

- 500 g de farine
- un filet d'huile d'olive
- 8 g de levure de boulanger
- 10 g de sel
- 1 courgette
- 200 g de mozzarella fraîche
- 150 g de tomates cerise
- 100 g d'emmental râpé
- jambon ou chorizo doux ou thon
- 150 g de sauce tomate
- origan ou du basilic frais
- 250g d'eau froide

1. Préchauffe ton four à 200 °C et réalise une belle pâte à pizza. Entre nous, si tu manques de temps, mieux vaut prendre une pâte déjà faite et réaliser une pizza maison que d'acheter une pizza industrielle au rayon frais ou surgelé du supermarché.
Mais si tu peux en prendre le temps, lance-toi dans une vraie pâte, ce n'est pas compliqué et on est si fier, ensuite, d'avoir mis cela à son palmarès ! Muni d'un robot pâtissier et d'une « feuille » (ustensile qui sert de fouet, ressemblant à une feuille), amalgame la farine, verse l'huile d'olive puis la levure de boulanger préalablement diluée dans un peu d'eau tiède et ajoute le sel. Lance le robot en vitesse lente et verse l'eau froide au fur et à mesure. Laisse tourner de 2 à 3 min.
Je te conseille de laisser reposer la pâte avec un linge humide dessus, le temps de préparer tes autres ingrédients.

2. Coupe la courgette en fines rondelles. Prends la mozzarella fraîche, les tomates cerise découpées en petits quartiers et l'emmental râpé (oui, je mets de l'emmental sur les pizzas comme à la cantine : on revisite et on s'éloigne légèrement des traditions, n'en déplaise à certains, surtout aux Italiens !). Soit tu préfères proposer une pizza végétarienne, soit tu peux l'agrémenter de jambon, chorizo doux, thon : c'est toi qui vois. Surtout, laisse faire ton inspiration !

3. Farine bien la pâte avant de l'étaler en forme de rectangle, directement sur une feuille de papier sulfurisé. Ainsi, il sera plus simple de la déposer sur la plaque de cuisson de ton four.

4. Sur la pâte, répartis la sauce tomate, puis les courgettes, les tomates, etc., en finissant par la mozzarella, l'emmental et de l'origan ou du basilic frais.

5. Cuisson : au four pendant 15 min et c'est prêt !

LE PETIT WRAP FRAÎCHEUR

Généralement, je compte un wrap pour 1 ou 2 personnes ; tout dépend si tu veux le proposer en entrée ou en plat.

Ingrédients

- 1 concombre
- 1 carotte râpée
- un peu de salade verte
- 1 citron
- 200 g de thon ou de saumon cuit ou de jambon
- 100 g de fromage frais
- 100 g de mayonnaise
- curcuma
- curry
- le jus d'un citron pressé
- 4 tortillas de blé ou de maïs

1. Pour 4 wraps, prépare en premier lieu un concombre et une carotte râpés, un peu de salade verte de ton choix émincée, un citron et le thon, le saumon ou le jambon. Tu peux aussi remplacer par des lentilles cuites et froides, cela fait un plat très sympa ! Le plus important, c'est la sauce avec laquelle tu vas tartiner les tortillas avant de les rouler : fouette le fromage frais avec la mayonnaise, du curcuma, du curry et le jus du citron.

2. Tartine de sauce toutes les tortillas de blé ou de maïs que tu auras achetées ; s'il t'en reste, tu pourras la proposer, pendant le repas, aux plus gourmands. Répartis par-dessus tous les ingrédients que tu as préparés.

2

3. Pour le pliage, c'est simple : rabats sur 2-3 cm les deux côtés opposés, puis roule les tortillas face à toi, les côtés rabattus étant à ta gauche et à ta droite. Cela te fait donc des rouleaux que tu peux ensuite couper en cinq ou six avant de les servir. Une autre option est de poser les tortillas, les ingrédients et la sauce sur la table à manger et d'inviter tes convives à réaliser eux-mêmes leurs wraps : en voilà des chevaliers qui vont prendre plaisir à se régaler !

3

QUICHE AUX POIREAUX

Ou flamiche presque picarde pour les intimes ! Je vais encore faire offense aux traditions culinaires régionales, mais bon, c'est pour la bonne cause !

Ingrédients

- 250 g de farine
  + 20 g de farine pour l'appareil
- 125 g de beurre + noisette de beurre (demi-sel : inutile de le préciser !)
- 3 œufs entiers
- un peu d'eau
- 2 poireaux
- poivre et muscade
- 20 cl de crème fraiche épaisse
- 10 cl de lait
- fromage râpé

1. Préchauffe ton four à 180 °C.

2. Allez go, fais une petite pâte brisée maison de derrière les fagots en mélangeant bien la farine, le beurre coupé en petits dés, 1 œuf entier et un peu d'eau. À la main ou au batteur, à toi de voir ; ensuite, étale la pâte sur un plat à tarte bien beurré.

3. Prends 2 poireaux. Après les avoir nettoyés et coupés en rondelles, fais-les revenir dans une casserole avec une noisette de beurre, pendant un bon quart d'heure, à feu moyen. Assaisonne-les avec poivre et muscade, puis répartis-les sur le fond de tarte.

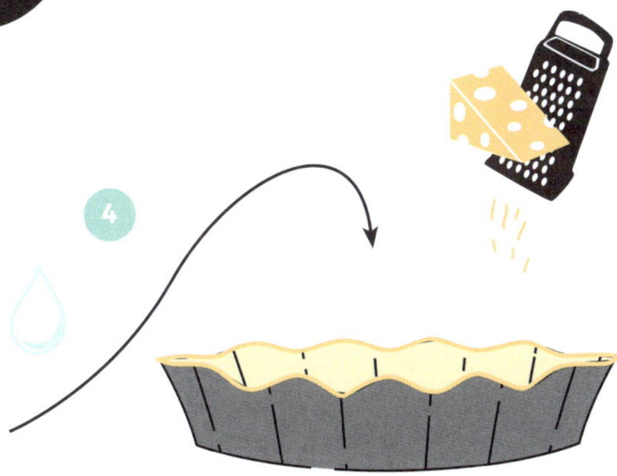

4. Mélange la crème fraîche avec 2 œufs entiers, 20 g de farine et le lait. Couvre les poireaux de ce mélange et parsème-les du fromage râpé de ton choix.

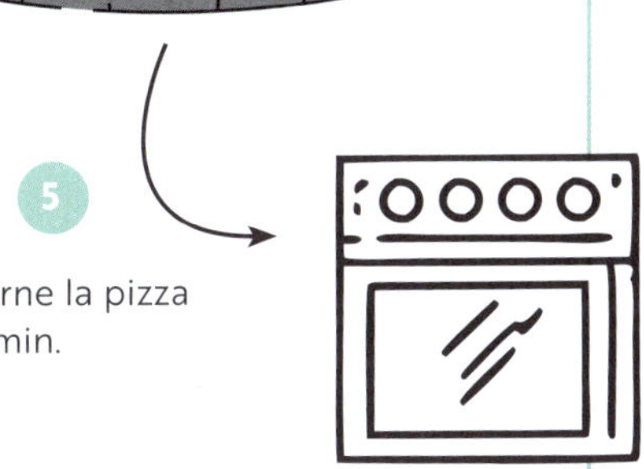

4. Enfourne la pizza pour 15 min.

Avec les légumineuses, on fait comment ?
Il est important de varier les plaisirs. Il existe en effet de nombreuses variétés de légumineuses, chacune avec sa propre saveur et sa propre texture. Essaie donc différentes sortes pour trouver celles que tes enfants préfèrent. Bien sûr, il faudra les associer aux aliments préférés de ces derniers : si, d'habitude, ils ne les apprécient pas, ce peut être cool – et facilitant pour notre objectif (diversification toujours !) – de les marier à des aliments qu'ils aiment déjà. Par exemple, pourquoi pas rajouter des lentilles à une sauce bolognaise dans des lasagnes, ou des fèves dans une salade composée qui fait partie des musts de la famille ? Fais également en sorte que ce soit amusant à réaliser ; on en revient toujours au même constat : les enfants sont plus susceptibles de manger des aliments qu'ils ont aidé à préparer. Laisse-les donc laver, faire tremper et cuire eux-mêmes les légumineuses.

Une précision : je sais que c'est la mode mais faire des steaks de haricots rouges ou des burgers avec des galettes de pois chiches, très peu pour moi ! Imiter la viande et donner l'illusion de manger quelque chose qui ne l'est pas, je ne trouve pas ça très fair play.

Mon scoop du jour : tu vas trouver ça bizarre mais, à chaque fois qu'on cuisine des lentilles à la cantine, c'est un véritable succès ! Et tu sais pourquoi ? Parce qu'elles sont cuisinées véritablement sur place. Qu'est-ce qui dégoûte les enfants ? Eh bien, c'est le côté gluant et trop salé des légumineuses en boîte ou en conserve. Oui, ça prend plus de temps, certes, mais rien ne remplacera la simplicité des légumineuses préparées de A à Z. Non mais vraiment, un cassoulet prêt à réchauffer avec des pseudo-saucisses farineuses et des haricots blancs beaucoup trop cuits !? Rien de tel pour faire fuir les papilles des enfants !

Je vais juste te donner ma recette de lentilles et tu verras que tes enfants en redemanderont !

LES RECETTES
COMME À LA CANTINE

LES LENTILLES DU CANTINIER

Ingrédients
- 240 g de lentilles vertes
- 30 g de beurre demi-sel
- 1 échalote émincée
- 1 carotte coupée en petits cubes
- un peu de fenouil ou de céleri-branche émincé
- sel et poivre
- une bonne pincée de noix muscade

1. Plonge tout d'abord les lentilles dans une casserole d'eau bouillante pendant 1 min, puis égoutte-les (ça enlève les impuretés).

2. Remets-les dans ta casserole, recouvre-les d'eau à 2-3 cm au-dessus de leur niveau. Ajoute le beurre, l'échalote émincée, les cubes de carotte, le fenouil ou de céleri-branche émincé, du sel, du poivre et la noix muscade.

3. Porte le tout à ébullition et laisse cuire à feu doux, pendant au moins 20-25 min. Ajoute de l'eau jusqu'à ce que les lentilles soient cuites.

Des légumes dans les desserts : si, si, c'est possible !

Bon, nous voilà aux derniers des recours pour « subterfuger » tes enfants, leur faire manger enfin des légumes, et ce, de manière pas très catholique (étant moi-même agent de la fonction publique mais, dans ces pages, artiste-auteur littéraire, dois-je faire preuve de laïcité ?? Le débat risque d'être long !).

Voici mes fameux moelleux chocolat-courgettes (chocourgettes, pour les intimes) et mes muffins pois chichrottes (qui devinera le pourquoi du comment de ce titre ?) : donc deux recettes on ne peut plus traditionnelles (#humourtoujours), fournies avec liste d'ingrédients, instructions et conseils de base dans les règles de l'art des plus grands livres de cuisine. On dit merci qui ? À Monsieur Bon-appétit !

MOELLEUX CHOCOURGETTES

Ingrédients

- 200 g de chocolat noir pâtissier
- 3 œufs
- 50 g de sucre
- 200 g de courgettes râpées
- 70 g de farine
- 1 sachet de levure chimique
- 1 pincée de sel
- extrait de vanille

1. Préchauffe ton four à 180 °C.

2. Fais fondre le chocolat noir au bain-marie.

3. Dans un saladier, fouette les œufs et le sucre jusqu'à ce que le mélange blanchisse.

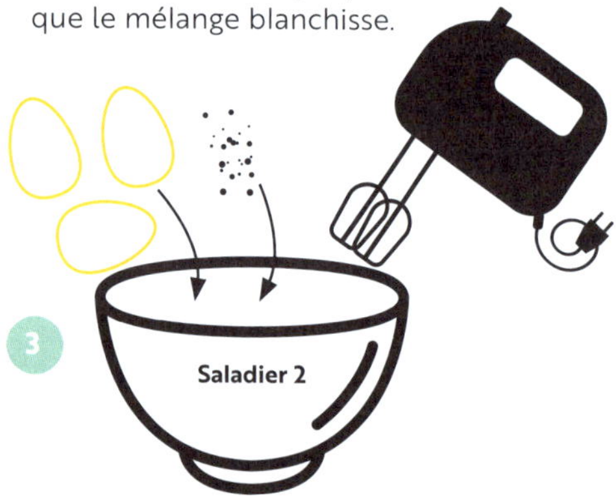

4. Incorpore le chocolat fondu au mélange d'œufs et de sucre.

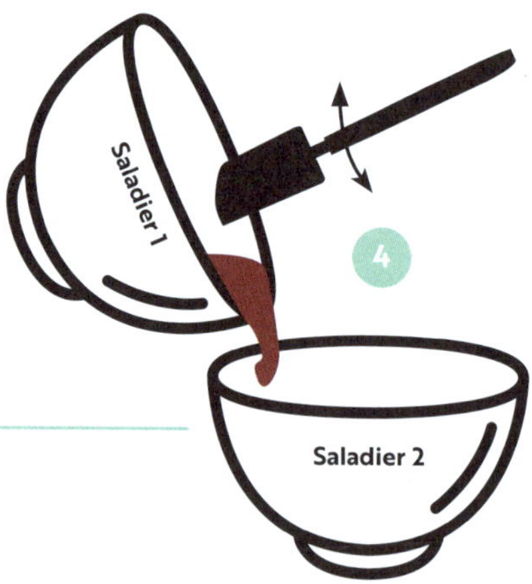

5. Ajoute la courgette râpée, la farine, la levure chimique, le sel et l'extrait de vanille.

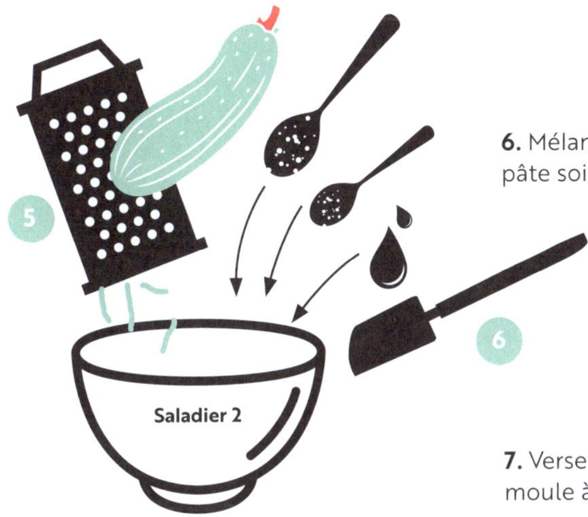

6. Mélange jusqu'à ce que la pâte soit homogène.

7. Verse la pâte dans un moule à cake.

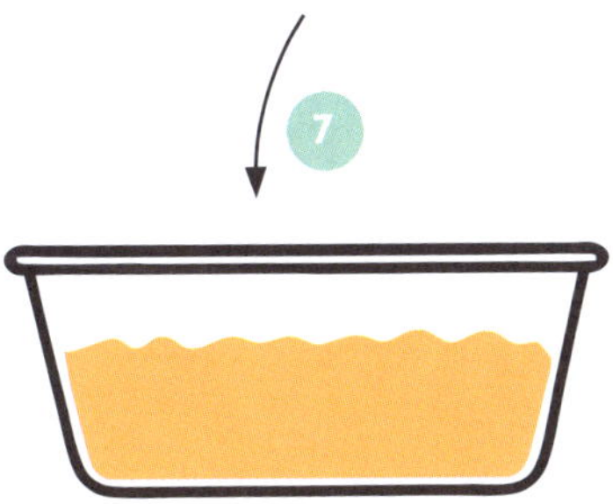

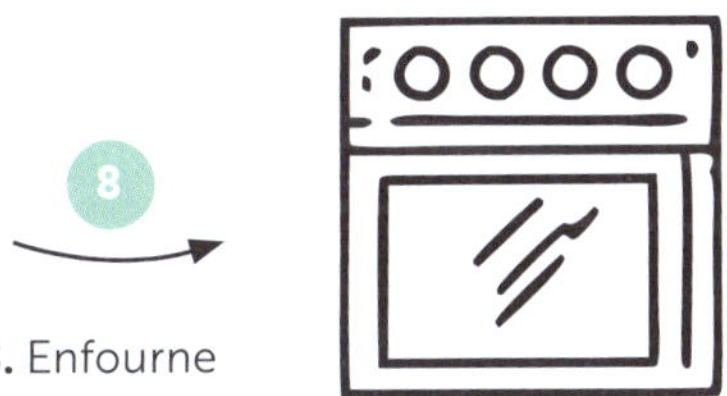

8. Enfourne pour 40 min.

9. Laisse refroidir ton chef-d'œuvre avant de le démouler et de le déguster en famille.

VARIANTES

· Pour un moelleux encore plus gourmand, ajoute **100 g de noix hachées** ou de **pépites de chocolat** à la pâte.

· Tu peux également remplacer la courgette par d'autres légumes râpés, comme des **carottes** ou des **pommes de terre** ; eh oui !

MUFFINS CHICHROTTES

Ingrédients

- 100 g de pois chiches préalablement cuits et égouttés
- 2 carottes râpées
- 2 œufs
- 50 g de sucre
- 50 g de beurre fondu
- 1 sachet de levure chimique
- 1 pincée de sel
- 1 pincée de cannelle
- 1 poignée de noix hachées (facultatif) • 100 g de farine

1. Préchauffe ton four à 180 °C.

2. Écrase les pois chiches à l'aide d'une fourchette.

3. Dans un saladier, mélange les pois chiches écrasés, les carottes râpées, les œufs, le sucre, le beurre fondu, la levure chimique, le sel, la cannelle et les noix hachées (si tu as fait ce choix).

4. Incorpore ensuite la farine jusqu'à ce que le mélange soit homogène.

5. Remplis des moules à muffins à mi-hauteur.

6. Enfourne-les pour 20 à 25 min.

7. Laisse-les refroidir avant de les démouler. Et bon appétit, bien sûr ! (Joël, si tu m'entends ?)

VARIANTES

· Tu peux ajouter d'autres légumes à ces gâteaux, comme des **brocolis**, des **épinards** ou des **champignons**.

· Tu peux également utiliser des **farines adaptées** (épeautre, riz, sarrasin, pois chiche, etc.) pour rendre ces gâteaux accessibles aux personnes intolérantes au gluten.

· Pour un gâteau plus moelleux, remplace une partie de la farine par de la **poudre d'amandes ou de noisettes**.

Bon À SAVOIR

L'ÉDUCATION ALIMENTAIRE

Parent, je m'adresse à toi : as-tu déjà vu ton enfant revenir de l'école en criant « Maman/Papa, j'ai mangé un plat que je ne connaissais pas ! » ou « J'ai eu un très bien en nutrition !», ou bien encore « J'ai un devoir à faire sur les fruits et légumes. » ? Non ? Pourtant, l'éducation alimentaire commence dès le plus jeune et est d'une importance capitale dans l'ouverture aux différents goûts. Elle mène à la diversification alimentaire, ce pour quoi le système digestif humain est paramétré.

S'il y a de mauvaises habitudes alimentaires dans les familles, il est vrai qu'à la cantine des difficultés seront rencontrées (idem pour la question du gaspillage alimentaire). On a tous un rôle à jouer et j'estime que nous, les cantiniers, sommes tenus de participer à cette éducation.

PETIT VOYAGE IMAGINAIRE

Ferme les yeux et imagine, tu reviens à l'aube de tes 6 ou 7 ans, c'est la fin des cours du matin et la faim commence à se faire sentir. Or, aujourd'hui, à la cantine, c'est un petit peu particulier : le directeur, la cheffe de cuisine et le diététicien vont te parler d'éducation alimentaire (rouvre les yeux quand même pour lire, c'est mieux !).

Nous sommes dans le grand réfectoire de l'école, une effervescence joyeuse remplit l'air, alors que les élèves s'installent à leurs tables, impatients de découvrir ce qu'ils vont manger ce midi. Les odeurs sont attrayantes. Mais aujourd'hui, quelque chose de différent flotte dans l'atmosphère. Ce n'est pas seulement l'excitation habituelle des repas de midi, mais une espèce de curiosité et d'enthousiasme pour l'éducation alimentaire.

Le directeur de l'école prend alors la parole devant tous les élèves, pour lancer un nouveau programme éducatif à la cantine.

« Chers élèves, commence-t-il, un sourire chaleureux illuminant son visage, ce jour marque le début d'une aventure passionnante vers une meilleure compréhension de notre alimentation et de son impact sur notre santé et notre bien-être. »

Les élèves écoutent avec attention, leurs yeux brillant d'anticipation. Ils comprennent bien l'importance d'une telle intervention et ont hâte d'entendre la suite.
« À partir de maintenant, nous allons explorer de nouveaux aliments, apprendre d'où ils viennent, comment ils sont cultivés et comment ils peuvent nous nourrir. Chaque jour, notre menu sera une leçon en soi, une occasion d'élargir nos horizons culinaires et de développer de saines habitudes alimentaires. »

Les enfants sont enthousiasmés par cette idée ! Ils ont toujours aimé manger et l'idée d'apprendre, tout en se régalant, est une chouette idée.

L'entrée du jour est une salade de saison, composée de légumes frais cultivés chez un maraîcher qui ne se trouve pas loin de l'école. Le diététicien a préparé une présentation sur l'importance des légumes dans une alimentation équilibrée. Il explique ainsi comment chacun d'entre eux apporte des vitamines essentielles et des nutriments nécessaires à la croissance et au développement. Les élèves écoutent attentivement, posent des questions sur les différents légumes et les avantages qu'ils offrent pour la santé.

Puis est proposé le plat principal : du poisson frais, un tacaud pêché localement, au large des côtes normandes. Il est servi avec un assortiment de céréales et des légumes frais. La cheffe de cuisine est très fière de présenter ce plat nutritif aux enfants. Elle leur explique l'importance de consommer des protéines maigres et des repas équilibrés pour maintenir une bonne santé. En dessert, il y a une surprise : des fruits frais coupés en morceaux, disposés de manière attrayante dans des coupelles colorées. Les enfants sont ravis de pouvoir goûter des variétés qu'ils n'ont pas l'habitude de manger à la maison. On en profite pour leur parler des bienfaits des fruits pour la santé, de leur teneur en vitamines et en fibres, et de l'importance de les intégrer dans leur alimentation quotidienne.

À la fin du repas, les enfants sont donc heureux et rassasiés. Ils ont non seulement savouré un délicieux repas, mais ils ont aussi appris tant de choses sur les aliments qu'ils ingèrent. Ils se sentent maintenant plus connectés à leur nourriture, plus conscients de ses origines et de son impact sur leur santé. Alors qu'ils se lèvent de table, prêts à retourner en classe, une chose est certaine : l'éducation alimentaire à la cantine va bien plus loin qu'un simple repas, c'est une occasion de cultiver une relation plus profonde avec la nourriture, de prendre soin de leur santé et de leur bien-être, repas après repas. »

REVENONS SUR TERRE

Comme, bien sûr, on ne vit pas dans un monde parfait, ce genre d'intervention et de sensibilisation n'est pas coutume dans tous les réfectoires de France et de Navarre ! Mais un livre n'est-il pas censé faire bouger les lignes et inciter tous les acteurs concernés à aller dans le bon sens ? Ne serait-il pas temps d'apprendre à bien se nourrir et à vraiment cuisiner à nos enfants ? Ne nous résignons pas : on peut faire beaucoup mieux et aller plus loin dans cette démarche d'éducation alimentaire.

Pour moi, l'Éducation nationale a bien un rôle à jouer dans ce domaine dès les premiers cycles scolaires. Oui, apprendre à se nourrir doit faire partie intégrante du programme par des apprentissages adaptés car l'éducation alimentaire est un élément essentiel pour la promotion de la santé et du bien-être des élèves. En s'appropriant les ressources et en menant des actions concrètes, les écoles jouent un rôle majeur dans la construction d'habitudes alimentaires durables. Les enseignants ont leur rôle à jouer dans cet apprentissage. Lutter contre les problèmes de surpoids et d'obésité, en particulier, est un enjeu majeur dans cette éducation.

Sais-tu qu'un jeune de moins de 17 ans sur 5 est en situation de surpoids en France ? Sans mauvais jeu de mot, c'est énorme et ce n'est pas un sujet à prendre à la légère (oups encore). Et c'est à peu près 4 jeunes sur 100 qui sont en situation d'obésité ! Le surpoids et l'obésité correspondent à un excédent de graisse corporelle et sont déterminés par le calcul de l'IMC (indice de masse corporelle).

Comment calculer son IMC ?

Il faut diviser son poids par le carré de sa taille. Exemple : Taille : 1,75 m. Poids : 68 kg. IMC = 68 / (1,75 x 1,75) = 68 / 3,0625 = 22,2.

Un IMC situé entre 18,5 et 25 indique une corpulence normale. Entre 25 et 30, on parle de surpoids et, au-dessus de 30, on considère que c'est une situation d'obésité.

Ces phénomènes de surpoids sont liés principalement à un déséquilibre entre apports caloriques et dépenses énergétiques, c'est-à-dire un apport alimentaire trop riche (en sucre, gras, etc.) et des activités physiques insuffisantes.

Oui, la formation au goût doit aussi être une étape dans le parcours scolaire. Il y a des activités à proposer aux élèves, en partenariat avec des professionnels du secteur, à l'extérieur des établissements ou en classe, et même à la cantine où l'élève devrait avoir la possibilité de faire des découvertes gustatives, voire de mettre la main à la pâte : les enfants aiment cuisiner avec leurs parents quand ils sont tout petits ; c'est un plaisir qui peut et devrait être cultivé en grandissant, dans l'enceinte scolaire.

Des ateliers de cuisine sont déjà mis en place dans certaines écoles et quelques collèges, mais cela reste expérimental. Différentes associations proposent également ces services de manière ludique et interactive.

Force est de constater que tout ceci ne va pas assez loin et, malheureusement, dès l'entrée au collège, l'éducation alimentaire se fait plus discrète. Certes, la restauration scolaire y propose toujours des menus équilibrés mais le temps pour créer de l'événement autour du goût n'existe que pendant la fameuse « Semaine du goût ». Ah, cette semaine devrait devenir légion toute l'année, selon moi ! Tous les jours, du goût à la cantine, ne serait-ce pas l'idéal ? Et pourquoi ne pas donner la possibilité d'actions communes entres les cuisiniers de la restauration scolaire, les enseignants et les élèves pour faire ensemble de la prévention, des ateliers, des découvertes, lors de journées dédiées régulièrement à ce sujet, et ce, tout au long du cursus scolaire ?

Si chacun met sa pierre à l'édifice, avec un soutien fort de la part de l'État et des collectivités locales, alors oui, une vraie et bonne éducation alimentaire à l'école est possible ! Et, comme le dit un grand personnage de dessin animé, « tout le monde peut cuisiner »... Et si tout le monde le peut, alors tout est (presque) possible, tu ne crois pas ? Car des enfants bien formés sur l'alimentation pourront, à leur tour, une fois adultes, apprendre à leur progéniture les bonnes ondes culinaires !

Eh, toi qui lis ces quelques lignes et qui ne sait pas ou peu cuisiner, va voir : des milliers de tutos sont disponibles sur la Toile !

LE SAVIEZ-VOUS ?
Un enfant demi-pensionnaire prend entre 136 et 180 repas par an à la cantine : en pourcentage, cela représente seulement 12 à 15 % de ses repas annuels. En conséquence, à la maison, l'équilibre alimentaire doit aussi être surveillé.

J'♥
CUISINER

10

Les recettes comme à la cantine

Mais que serait un livre qui parle de restauration sans recettes ?! C'est une des premières questions que m'ont posées mes proches quand je leur ai annoncé mon projet d'écriture sur le monde de la cantine : « Il y aura des recettes, au moins ? ». Bon, à vrai dire, cela ne faisait pas partie du projet de départ. Je reçois pourtant un bon nombre de retours en commentaire ou en message privé, sur mes comptes Instagram, Facebook ou TikTok, pour m'en demander. Ce à quoi je réponds, en général, que ça ne s'intègre pas dans mon concept sur les réseaux ; comme tu l'as sans doute compris, je cherche plus à redorer l'image de la restauration scolaire, à en raconter les coulisses, etc. Et ce qui est fou, quand même, c'est que malgré le nombre de créateurs de contenus qui partagent des recettes en tout genre et sous toutes les formes, eh bien, il y a toujours une attente pour encore plus de recettes.
Après celles que j'ai partagées avec toi dans le chapitre « Diversification alimentaire » autour des légumes (voir p. 129), je vais t'en donner quelques-unes du style de celles que l'on met en œuvre simplement à la cantine, sans rentrer dans les délires gastronomiques haute gamme vingt-cinq étoiles (#humour toujours). Tout en continuant à viser le terriblement bon (le plaisir allié au bien manger). Les recettes sont pour 4 personnes.

ENTRÉES

Tu en as assez des carottes trop sèches, trop piquantes ou vraiment fades !? Voici LA recette qui plaît à tous les coups. La carotte version râpée est l'entrée star de nos cantines, il suffit d'y ajouter quelques dips pour en faire d'elle un must, à la maison !

LES CAROTTES RÂPÉES

1. Bon, comme le veut la tradition, tu commences par éplucher et râper (avec une râpe fine) **4 carottes**… qui, par ailleurs, ne rendent pas aimables (ni les enfants ni les adultes ; pourtant, j'en connais bien à qui ça rendrait service, et toi aussi, tu dois en connaître un petit paquet !).

2. Hache (euh, non, ne sors pas la hache de ton garage, s'il te plaît, c'est dangereux) **1 gousse d'ail** et retire bien, préalablement, le germe qui, lui, est indigeste.

3. Pour l'assaisonnement, mets dans un petit récipient, style bol, 2 cuil. de **mayonnaise**, 1 toute petite cuil. de **moutarde**, 1 de **vinaigre de framboise** et un peu d'**eau**. Fouette le tout, ça te fait une petite vinaigrette adoucie.

4. Avec une fourchette, mélange bien les carottes, l'ail, la sauce vinaigrette, du **sel** et du **poivre** pendant au moins 5 min (la carotte va rendre un peu de jus). C'est prêt !

LE + DU CANTINIER

J'aime ajouter du **persil**, des **graines de sésame torréfiées** et une légère **pincée de sucre roux**. Et, du coup, ça peut rendre vraiment aimable, parce que c'est bon !

Ingrédients
- 400 g de pommes de terre à chair ferme
- 1 boîte de 150 g de thon
- persil frais ou surgelé
- 2 ou 3 tomates ou crudités de ton choix, selon la saison
- 2 cuil. à soupe de mayonnaise
- 1 cuil. à soupe de vinaigre de xérès
- sel, poivre

SALADE DE POMMES DE TERRE AU THON (OU SANS)

1. Épluche les pommes de terre et coupe-les en petits cubes de moins de 1 cm (technique de coupe et tuto sur la Toile). Mets-les dans une casserole, recouvre-les d'eau, ajoute un peu du sel. Porte à ébullition, et laisse cuire à feu doux 10 à 15 min. Égoutte-les et laisse-les refroidir.

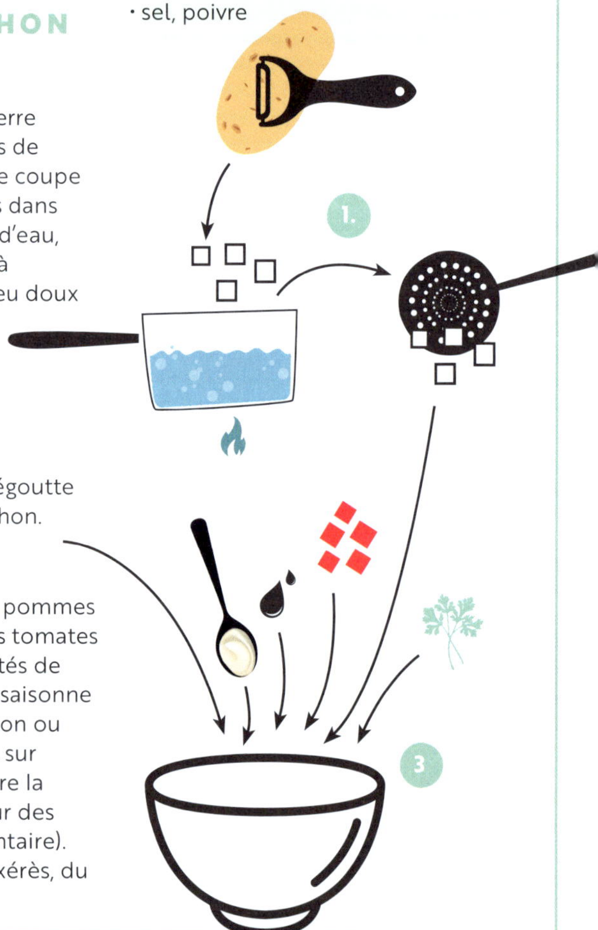

2. Ouvre et égoutte la boîte de thon.

3. Dans un saladier, mets les pommes de terre, le thon, le persil, les tomates coupées en dés ou les crudités de ton choix, selon la saison. Assaisonne le tout de mayonnaise (maison ou non, sachant qu'à la cantine, sur ce genre de salade, on préfère la mayonnaise industrielle pour des questions de sécurité alimentaire). Ajoute 1 cuil. de vinaigre de xérès, du sel et du poivre. C'est prêt.

LE + DU CANTINIER

Tu peux, à ta guise, remplacer le thon par des **œufs durs**, du **saumon fumé**, ou bien proposer cette salade en mode végétarien.

SALADE DE SARRASIN

Lors d'un week-end dans le Morbihan, j'ai découvert que le sarrasin n'était pas seulement de la farine destinée aux fameuses galettes bretonnes. On en trouve en graines concassées à cuire comme des pâtes. C'est riche en protéines végétales et c'est excellent. On y retrouve un peu le goût des galettes. Je te donne une petite recette simple pour le déguster en salade.

Ingrédients

- 200 g de graines concassées de sarrasin
- 100 g de tomates cerise
- 1 concombre épluché
- le jus de 1 citron vert
- 1 cuil. à soupe d'huile de tournesol
- 1 poignée de persil émincé
- sel, poivre

1. Fais cuire les graines de sarrasin dans une grande casserole d'eau, selon les consignes inscrites sur le paquet.

2. Égoutte le sarrasin, verse-le dans un grand saladier et laisse-le refroidir.

3. Coupe les tomates cerise en 2 et le concombre en petites cubes et mets le tout dans le saladier.

4. Verse le jus de citron, l'huile de tournesol, sale et poivre.

5. Mélange le tout et réserve au frais au moins 1 h. Au moment du service, parsème la salade de persil.

LE + DU CANTINIER

Selon la saison, tu peux adapter cette recette avec d'**autres crudités**, ajouter des **épices** et même du **saumon fumé**.

CAKE SALÉ À L'EMMENTAL

À la cantine, c'est vraiment l'un des grands classiques du buffet des entrées. Cette recette peut être déclinée « à toutes les sauces » (ou presque). Sa préparation est rapide et inratable. Prends ton moule à cake !

Ingrédients
- 2 œufs entiers
- 10 cl de lait
- 50 g de beurre demi-sel
- 200 g de farine
- 1 sachet de levure chimique
- 100 g d'emmental râpé
- poivre

1. Préchauffe le four à 180 °C.

2. Fais fondre le beurre. Dans une jatte, fouette les œufs avec le lait et le beurre fondu.

3. Verse la farine d'un seul coup, ajoute la levure, puis mélange le tout jusqu'à obtenir une pâte lisse.

4. Incorpore l'emmental râpé. Poivre à ton goût.

5. Beurre le moule à cake
et verse le mélange.

6. Laisse cuire au four
pendant 35 min.

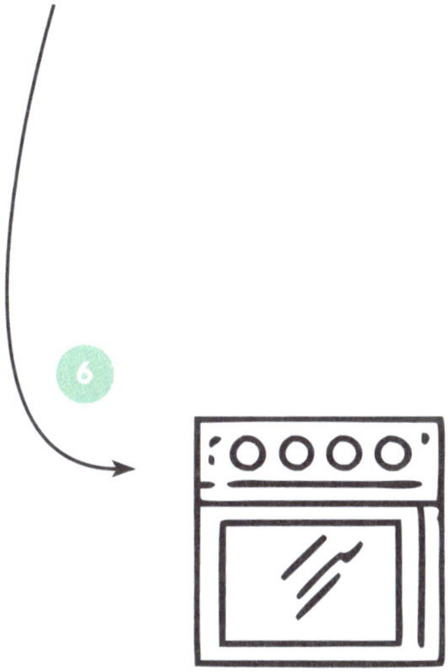

LE + DU CANTINIER

Encore un bon moyen de manger des légumes !
Après l'ajout du fromage, tu peux incorporer toutes sortes de **légumes crus** coupés en petits morceaux, avec une pincée d'**épices** comme du paprika fumé ou du curcuma. J'aime la version « **saumon fumé, feta et courgettes** » (grossièrement râpées).
L'ajout de légumes impose de prolonger la cuisson de 10 min.

SALADE COMPOSÉE AU COMTÉ

Un saladier, un morceau de pain de la veille transformé en croûtons pour le côté anti-gaspi et, bien sûr, du comté, du vrai (celui qui porte une cloche verte sur la croûte, gage de qualité), te suffiront pour réussir cette salade du Jura.

Ingrédients
- ½ baguette de la veille
- 1 salade verte émincée
- 1 radis noir râpé
- 150 g de comté 12 mois (léger et fruité) coupé en cubes
- 1 poignée de graines de tournesol
- 1 noisette de beurre pour la poêle

Pour la vinaigrette
- 1 cuil. à soupe de vinaigre de framboise
- 1 cuil. à soupe d'huile de tournesol
- sel, poivre

1. Prépare les croûtons. Coupe la baguette en petits morceaux et dispose-les dans une poêle beurrée pour les faire griller. Verse-les ensuite sur du papier absorbant.

2. Fais griller les graines de tournesol au four à 200 °C pendant 5 min. Sors-les du four et laisse-les refroidir.

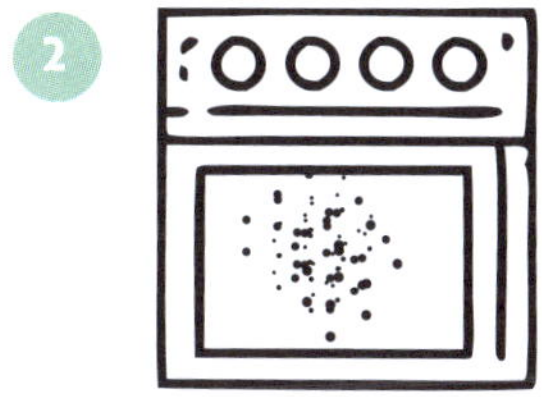

3. Dans un saladier, mélange la salade, le radis râpé, les cubes de comté et les graines de tournesol. Ajoute les croûtons.

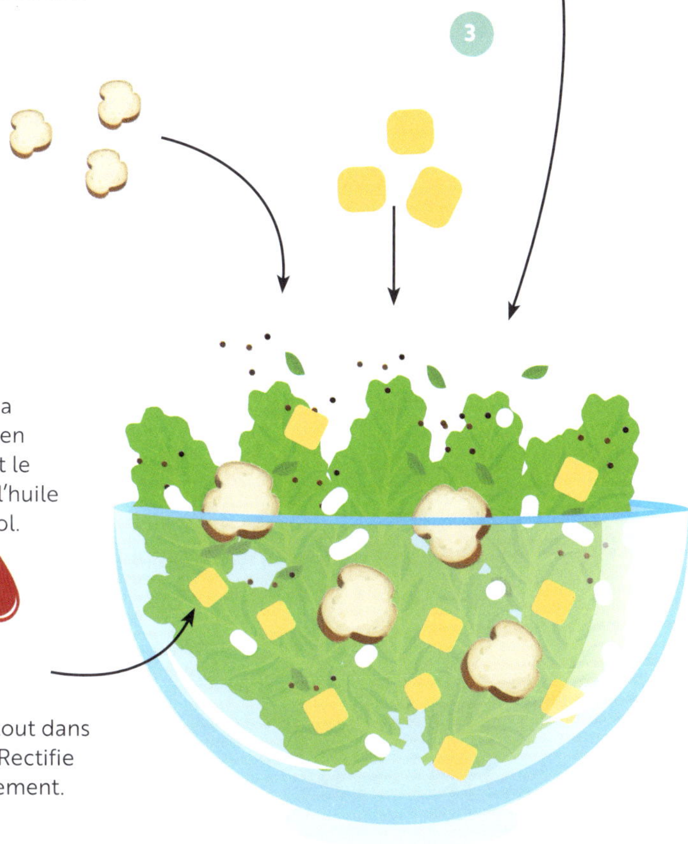

4. Prépare la vinaigrette en mélangeant le vinaigre et l'huile de tournesol.

5. Verse le tout dans le saladier. Rectifie l'assaisonnement.

LE + DU CANTINIER

Si tu n'es pas sûr de tout manger le jour même, je te conseille de servir la vinaigrette à part pour que la salade ne flétrisse pas.

LA MAYONNAISE CITRONNÉE ANTI-GASPI (LONGUE CONSERVATION)

À la cantine, une mayonnaise doit être consommée dans la journée pour des raisons de sécurité sanitaire. Mais la version que je te propose ici peut être conservée au frais 5 ou 6 jours sans risques, tout simplement parce que l'on utilise l'œuf entier et pas seulement le jaune.

Ingrédients
- 1 œuf entier
- 1 cuil. à café de moutarde
- le jus de ½ citron
- 50 cl d'huile de colza
- sel, poivre

1. Casse l'œuf dans un petit saladier.

2. Ajoute la moutarde et juste un peu de jus de citron.

3. Fouette énergiquement (tu peux utiliser un fouet électrique). Petit à petit, verse la moitié de l'huile pour commencer à monter la mayonnaise.

4. Verse le reste du jus de citron, puis toujours en fouettant vivement, incorpore le reste de l'huile en filet.

5. Assaisonne bien pour éviter que la mayonnaise tourne.

LE + DU CANTINIER

Tu peux remplacer le citron par du **vinaigre**. Les puristes s'exclameront : « Il n'y a pas de vinaigre ou de citron dans la recette authentique ! » Mais c'est justement grâce à l'acidité de ces ingrédients que la mayonnaise se conserve plus longtemps et ça lui donne un peu de peps.

CONCOMBRE À LA CRÈME CITRONNÉE

Certains en gardent de bons souvenirs ; d'autres ont préféré l'oublier… Tout dépend de la préparation, mais un concombre de saison est toujours un délice.

Ingrédients
- 1 concombre
- le jus de 1 citron
- 10 cl de crème fraîche
- 1 cuil. à café de moutarde
- 1 pincée de cumin en poudre
- sel, poivre

1. *La veille*, épluche et coupe le concombre en cubes. Sale-les et mets-les dans une passoire. Conserve-les au réfrigérateur.

2. *Le jour J*, verse les cubes de concombre dans un saladier, ajoute les autres ingrédients. Mélange bien. Rectifie l'assaisonnement.
Et voilà, c'est prêt !

LE + DU CANTINIER
Pour la version grecque appelée « tzatzíki », passe le concombre à la grosse râpe et remplace la crème fraîche par du **fromage blanc**. À la place du cumin, ajoute des herbes fraîches comme du **persil**, de la **menthe** ou de la **coriandre**.

PLATS

POMMES DE TERRE AU FOUR

Ingrédients
- 800 g de pommes de terre à chair ferme ou nouvelles, en saison
- 30 g de beurre demi-sel
- 10 cl d'huile d'olive
- paprika et origan
- sel, poivre

1. Préchauffe le four à 200 °C et prépare la lèchefrite en la tapissant d'une feuille de papier sulfurisé.

2. Fais fondre le beurre demi-sel (le seul, le vrai, je ne veux rien savoir) avec l'huile d'olive. Ajoute du paprika, de l'origan, du sel et du poivre.

3. Épluche les pommes de terre et coupe-les en tranches ou en cubes de 1 à 2 cm.

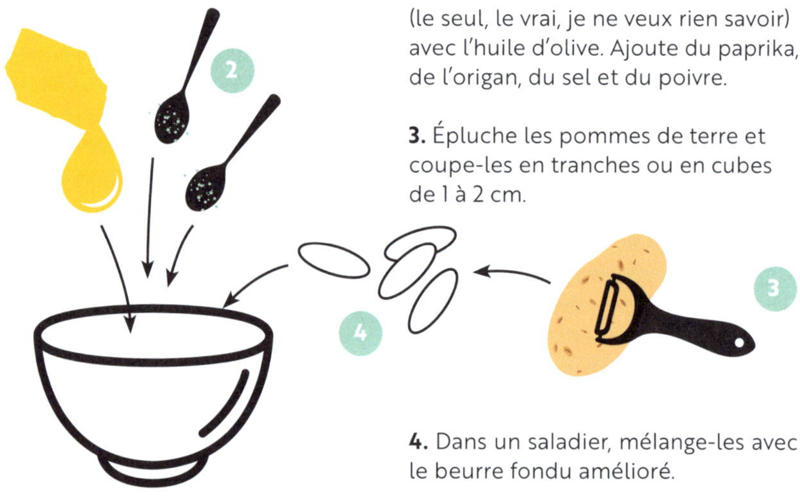

4. Dans un saladier, mélange-les avec le beurre fondu amélioré.

5. Répartis-les dans la lèchefrite et enfourne pour 30 min de cuisson.

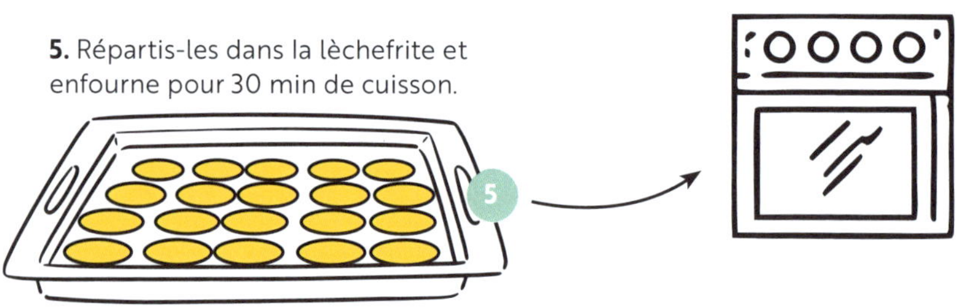

RIZ ÉPICÉ AUX PETITS LÉGUMES

Ingrédients

- 300 g de légumes divers : par exemple, 1 fenouil, 1 carotte, 1 courgette
- 1 gousse d'ail
- 1 oignon rouge
- 1 cuil. à soupe d'huile d'olive
- 240 g de riz
- curcuma ou curry, au choix
- sel, poivre

1. Découpe finement les légumes. Hache la gousse d'ail et émince l'oignon rouge.

2. Verse l'huile d'olive dans une poêle et fais revenir les légumes à feu moyen.

3. Une fois que les légumes sont bien colorés, ajoute le riz, mélange le tout à feu vif pendant quelques minutes. Assaisonne avec sel, poivre et curcuma ou curry (ou bien les deux).

4. Comme pour le riz pilaf, c'est une cuisson par absorption : recouvre le riz avec de l'eau à 1 cm au-dessus. Porte à ébullition, mélange, puis laisse cuire à feu doux et à couvert pendant 15 min.

LE + DU CANTINIER

C'est une recette très modulable selon ce qu'il y a dans ton réfrigérateur, un reste de **jambon** peut s'y prêter, un bout de **chou rouge** émincé peut s'y accorder et, niveau épices, tu peux te faire plaisir. Une variante est possible : remplace une partie de l'eau par de la **sauce tomate** ou du ketchup et ajoute des **épices à paëlla**.

ÉPINARDS (MAIS PAS DES ANNÉES 1980)

En version épinards frais, ce sera meilleur. Sinon, on peut quand même sauver l'honneur avec une version surgelée (mais « en branches » et dans des marques de qualité).

Ingrédients
- 2 kg d'épinards frais ou surgelés

Sauce : 50 cl de crème fraîche
+ 1 cuil. à café de moutarde
+ 1 œuf entier

Option béchamel : 25 g de farine
+ 25 g de beurre + 50 cl de lait
+ sel, poivre et noix muscade

1. Lave les épinards frais et retire la branche du milieu avant cuisson. Plonge les branches d'épinards dans une casserole d'eau légèrement salée, porte à ébullition et laisse-les cuire pendant quelques minutes. Égoutte-les de façon à retirer un maximum d'eau.
(Pour la version surgelée, le mode de cuisson est identique.)

2. Dans un bol, fouette la crème fraîche avec la moutarde et l'œuf entier.

3. Mélange l'une des deux préparations avec les épinards, dans une casserole, puis réchauffe à feux doux.

Autre option :

prépare une béchamel.
Fais fondre le beurre dans une casserole, verse la farine et mélange soigneusement avec une cuillère en bois.

Ajoute le lait tout en continuant de remuer jusqu'à l'épaississement.

Assaisonne ta béchamel avec sel, poivre et noix muscade.

LE + DU CANTINIER

Si vraiment tu es gourmand, tu peux aussi ajouter au dernier moment de l'**emmental ou du comté râpé**. Et pourquoi ne pas en faire une tarte aux **épinards**, avec du **saumon fumé**, par exemple ?

CHOU-FLEUR EN GRATIN

<u>Ingrédients</u>
- 1 chou-fleur
- poivre
- 1 pincée de trois-épices (muscade, cannelle, cumin)
- 25 cl de crème fraîche
- 150 g d'emmental râpé

Béchamel : voir recette précédente

1. Sors un plat à gratin, préchauffe ton four à 180 °C.

2. Prépare le chou-fleur. Au lieu de jeter les parures et le cœur dur, tu peux en faire des pickles ou bien les congeler (tu pourras les ajouter à tes futurs potages de légumes).

3. Adopte une cuisson vapeur si tu es équipé d'une cocotte ou bien fais cuire dans une grande casserole d'eau salée à ébullition, pendant 20 min, à feu moyen. Égoutte les sommités du chou et répartis-les dans le plat à gratin.

4. En parallèle de la cuisson du chou, prépare 50 cl de béchamel, assaisonne de poivre et de trois-épices. Ajoute la crème fraîche. Verse ce bon mélange crémeux sur les légumes et recouvre le tout d'emmental râpé.

5. Enfourne le plat pour 20 min et passe à table.

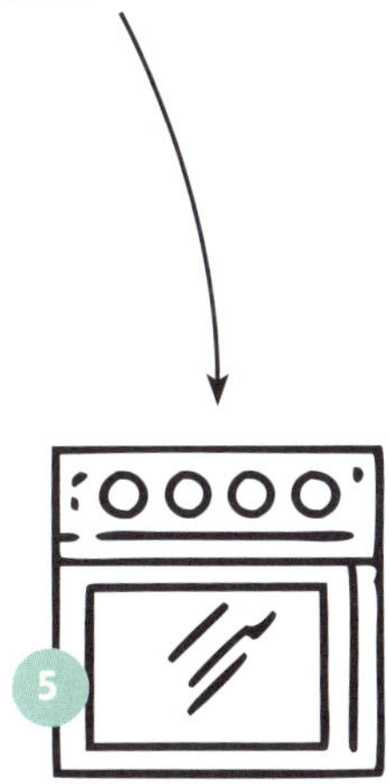

LE + DU CANTINIER

Pour alléger le goût prononcé du chou-fleur, tu peux y ajouter des **pommes de terre sautées**, du **bacon**... ou, pourquoi pas, en faire une version choutiflette, avec du **fromage à raclette** et des **lardons**.
Perso, je prépare parfois une version « de la mer », avec des **crevettes** ou du **saumon**. Bref, tu peux faire le chou-fleur gratiné à ta sauce.

GRATIN DE FRUITS DE MER

Pour cette recette, la liste d'ingrédients est longue mais quel délice ensuite !

Ingrédients

- 100 g de saint-jacques
- 100 g de moules décortiquées, cuites (500 g entières et crues)
- 50 g de crevettes roses
- 1 verre de vin blanc
- saumon frais
- 50 g de beurre
- 50 g de farine
- 50 cl de crème liquide 35 % MG
- épices (curcuma, paprika, cumin, piment d'Espelette)
- 100 g de fromage râpé

Facultatifs : ail, persil, chapelure

1. Fais revenir à feu vif, dans une grande poêle, avec un filet d'huile d'olive, les saint-jacques, puis les moules et les crevettes (avec un peu d'ail et du persil, pourquoi pas ?). Puis verse le verre de vin blanc. Égoutte le tout et, surtout, garde le jus de cuisson pour la suite.

2. Fais cuire le saumon frais au court-bouillon avec une feuille de laurier, pendant 10 min, et émiette-le directement.

3. Dans la poêle, laisse fondre le beurre à feu moyen pour faire un roux avec la farine. Un fois le roux prêt, verse le jus de cuisson des saint-jacques et la crème liquide de façon à obtenir une sauce épaisse, à laquelle tu ajouteras les épices, les fruits de mer et le poisson.

4. Tout ça, direction le plat à gratin avec, pour finir, le fromage râpé et, pourquoi pas, de la chapelure (pain rassis, séché au four puis mixé, c'est anti-gaspi).

5. Allez, ça part au four pendant 20 min.

LE + DU CANTINIER

Tu peux accompagner ce plat de **semoule**, de **riz** (aux petits légumes) ou même de **pâtes**.

TOMATES FARCIES

On sert encore trop souvent dans nos cantines, des tomates surgelées, prêtes à réchauffer et pleines de jus fade. C'est dommage car, cuisinées comme dans le temps, c'est un délice.

Ingrédients

- 4 belles tomates
- 1 oignon
- 1 échalote
- 2 gousses d'ail
- 300 g de chair à saucisse nature (n'achète pas de chair à saucisse spéciale farce déjà assaisonnée, surtout)
- 1 noisette de beurre
- 15 cl de vin blanc
- petits cubes de pain rassis

1. Préchauffe ton four à 180 °C.

2. Lave les tomates, coupe les chapeaux, côté pédoncule, et vide-les avec une cuillère. Réserve la chair. Dispose les tomates ainsi vidées dans un plat à gratin.

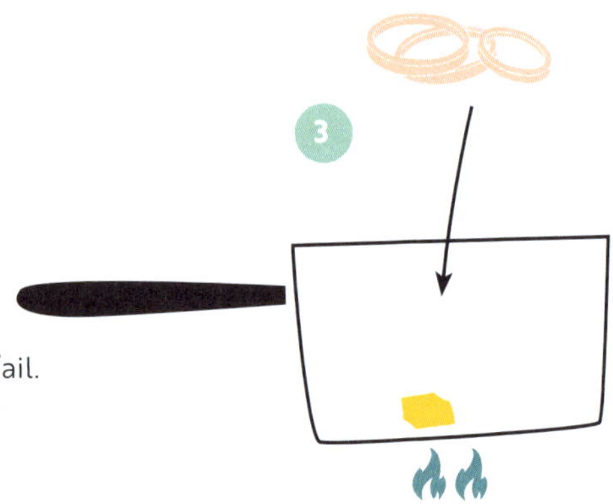

3. Émince finement l'oignon, l'échalote et presse les gousses d'ail. Fais-les revenir directement dans une casserole avec le beurre.

4. Verse la chair à saucisse dans la casserole. Mélange soigneusement, puis ajoute la chair des tomates, le vin blanc et de petits cubes de pain rassis (anti-gaspi). Laisse cuire au moins 20 min, à feu moyen.

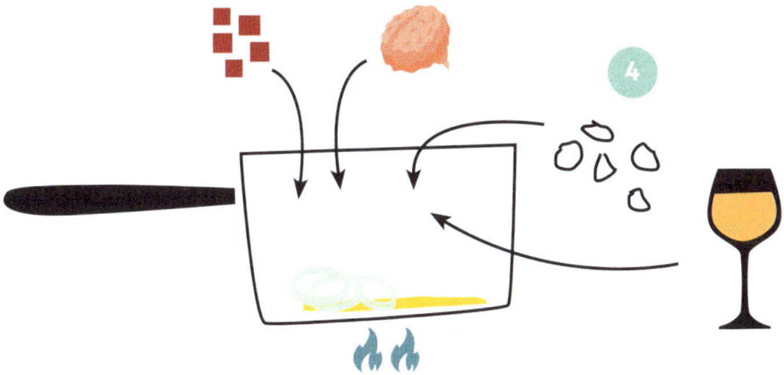

5. Remplis maintenant les tomates, remets les chapeaux et enfourne à 180 °C pour 30 min.

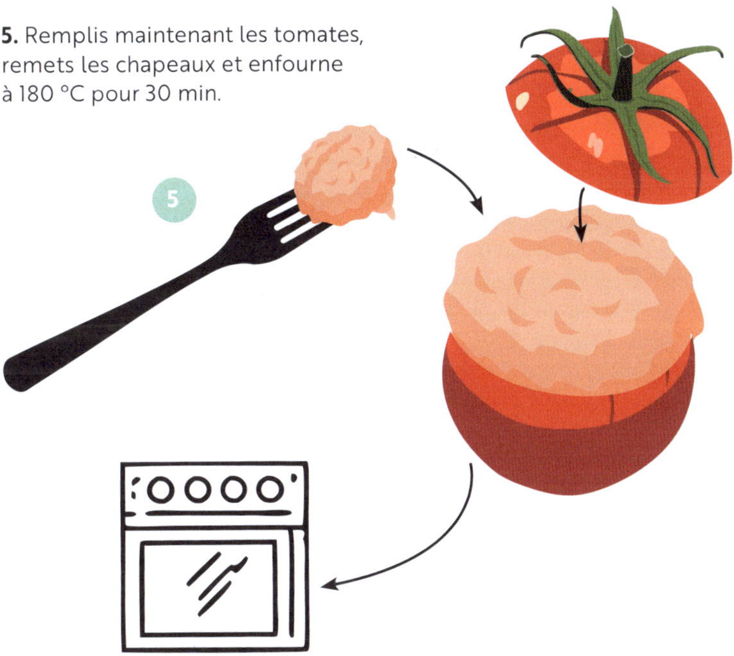

LE + DU CANTINIER

La même recette est réalisable avec des **courgettes** que tu auras préalablement précuites et vidées, ou avec des **poivrons**.

LASAGNES

Quelle tristesse de servir des lasagnes industrielles, alors que les cuisiner est tellement facile. Cette fois, je ne vais pas te donner la recette en détail mais juste le principe de base en 3 étapes.

Ingrédients
- 12 feuilles de lasagne

Pour la sauce bolognaise :
- 350 g de bœuf haché
- 1 cuil. à soupe d'huile d'olive
- 1 carotte
- 1 oignon
- 1 cl de vin blanc
- 400 g de pulpe de tomates
- 150 g de fromage râpé
- sel, poivre, thym

Pour la béchamel :
- 50 g de beurre
- 50 g de farine
- 70 cl de lait
- 1 pointe de noix muscade moulue

1. Préchauffe le four à 165 °C.

2. Prépare la bolognaise :
verse l'huile d'olive dans une poêle, ajoute la carotte coupée en petits tronçons, l'oignon émincé, le bœuf haché. Laisse revenir à feu vif, puis mouille avec le vin blanc et laisse réduire.
Ajoute la pulpe de tomates. Sale et poivre, agrémente de thym.

3. Prépare la béchamel : fais fondre le beurre dans une casserole, verse la farine et mélange soigneusement avec une cuillère en bois. Ajoute le lait tout en continuant de remuer jusqu'à l'épaississement. Assaisonne la sauce avec sel, poivre et noix muscade.

4. Procède au montage des lasagnes en alternant une couche de lasagnes, une couche de bolognaise, une couche de béchamel et une couche de fromage râpé. Recouvre le tout du reste de béchamel et de fromage. Laisse cuire 30 min au four.

LE + DU CANTINIER

J'ajoute un peu de **parmesan râpé**, c'est délicieux. Il existe également la version avec des **lentilles cuisinées à la tomate**, à la place de la bolognaise, pour en faire un plat végétarien complet.

LENTILLES AUX LÉGUMES

Voici un plat complet pour l'hiver. Les enfants raffolent des lentilles quand elles sont bien cuisinées à la cantine (d'accord, pas autant que les pâtes et les frites !).

Ingrédients
- 150 g de lentilles vertes ou blondes
- 1 branche de céleri coupée en lamelles
- 1 carotte coupée en cubes
- 1 échalote + 1 gousse d'ail coupées finement
- 1 noisette de beurre demi-sel
- noix muscade en poudre
- sel, poivre

1. Dans un faitout porte 2 l d'eau à ébullition et plonges-y les lentilles pendant 30 s. Égoutte-les, puis remets-les dans le faitout.

2. Ajoute les autres ingrédients. Complète le faitout d'eau.

3. Porte à ébullition et laisse cuire au moins 20 min à couvert. Sers ce plat avec une noisette de beurre.

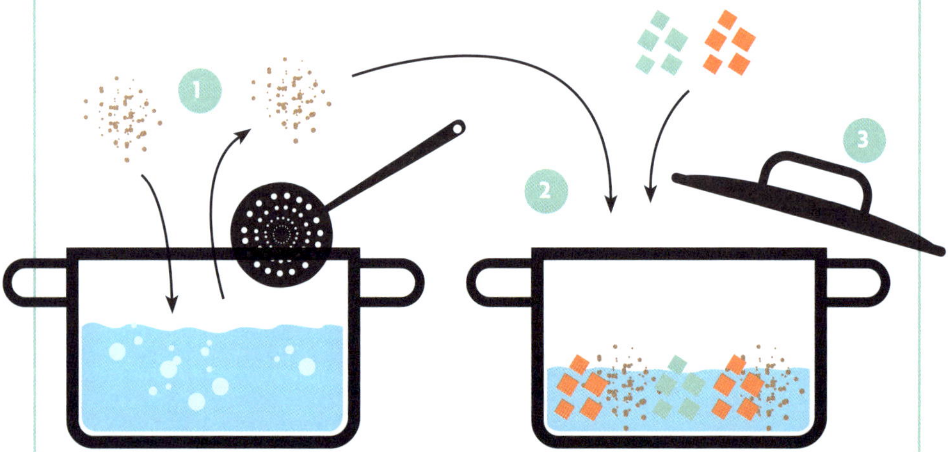

LE + DU CANTINIER

À chaque saison sa version ! En été, par exemple, les **tomates** et les **courgettes** agrémentent bien les lentilles. Pour une version plus gourmande, ajoute une cuillerée de **crème fraîche** à la fin de la cuisson. Et si tu n'aimes pas trop la **noix muscade**, le **curcuma** conviendra très bien à cette recette.

CARBONADE FLAMANDE

C'est l'un de mes plats favoris et je l'ai revisité pour les élèves. Ce n'est pas la recette traditionnelle, mais la base est là : le bœuf, la bière et le pain d'épice. Alors qu'elle est habituellement accompagnée de frites belges, je la sers souvent avec les pommes de terre rôties au four. Prévois un grand faitout... et du temps !

Ingrédients

- 800 g de bœuf à bourguignon
- 2 gros oignons épluchés et piqués de clous de girofle
- 2 carottes coupées en gros cubes
- 1 l de bière brune
- 2 feuilles de laurier
- 4 branches de thym
- 4 tranches de pain d'épice
- 1 cuil. à soupe de moutarde forte
- 20 g de beurre + 1 cuil. à soupe d'huile pour la cuisson
- sel, poivre

1. *La veille*, mets le bœuf à mariner dans la bière avec les oignons et les carottes.

2. *Le jour J*, égoutte le bœuf et les légumes en prenant soin de bien garder la marinade.

CARBONADE FLAMANDE - SUITE

3. Dans un faitout, saisis le bœuf et les légumes à feu vif dans un mélange de beurre et d'huile.

4. Quand le tout est bien coloré, recouvre avec la marinade, sale, poivre et ajoute le laurier et le thym.

5. Laisse cuire à feu doux et
à couvert pendant 2 h 30.

6. Ajoute le pain d'épice
et la moutarde, mélange bien
et laisse la sauce épaissir à feu vif.

7. Laisse mijoter 30 min.

LE + DU CANTINIER
Cette fois-ci, le « plus » sera un « moins »... car je ne mets pas de lard fumé, contrairement à la recette originale. Force est de constater que ça ne change pas le résultat. Les élèves en redemandent.

DESSERTS

CRÈME AU CHOCOLAT

Remplace les crèmes desserts industrielles par cette crème très facile à préparer.

<u>Ingrédients</u>
- 1 l de lait
- 250 g de chocolat noir
- 70 g de farine de maïs

1. Dans une casserole, verse 75 cl de lait. Porte-le à ébullition (attention au débordement, surveille bien). Puis baisse le feu et ajoute le chocolat noir coupé en carré. Mélange bien au fouet.

2. Verse les 25 cl de lait restant dans un petit récipient et ajoute la farine de maïs.

3. Incorpore le mélange lait-farine de maïs au lait chocolaté et porte de nouveau à ébullition jusqu'à l'épaississement.

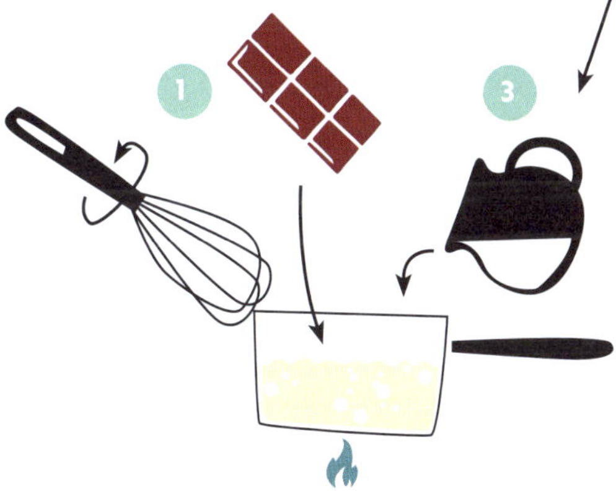

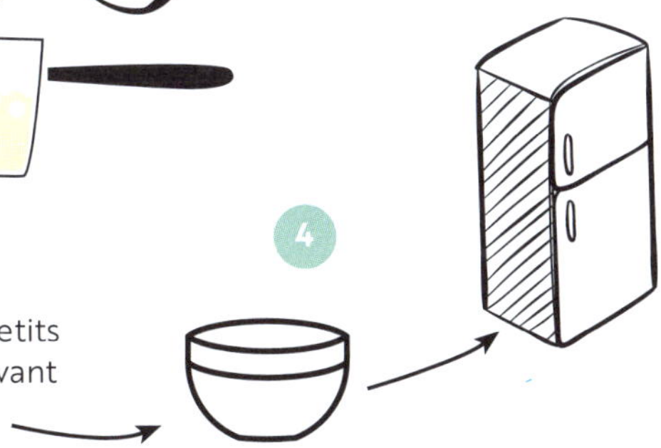

4. Remplis des ramequins ou de petits pots. Laisse au frais au moins 2 h avant la dégustation.

LE + DU CANTINIER
Tu peux remplacer le chocolat par **2 gousses de vanille**.

CRUMBLE FRUITS-PÉPITES

Tu as des fruits qui traînent dans ton frigo et tu ne sais pas quoi en faire ? Avec cette recette, fais-toi plaisir.

Ingrédients

- 6 fruits de ton choix : abricots, pêches, pommes, poires, etc.
- 150 g de farine
- 100 g de sucre
- 120 g de beurre ramolli
- pépites de chocolat

1. Sors ton plat à gratin et préchauffe le four à 165 °C.

2. Épluche les fruits que tu as choisis et coupe-les en petits morceaux, puis répartis-les dans le fond d'un plat préalablement beurré.

3. Pour le crumble, dépose dans un saladier la farine, le sucre et le beurre coupé en petit cubes. Dépose le tout dans un saladier et, avec tes mains, « sable » le tout.

4. Recouvre les fruits avec la pâte à crumble et parsème de pépites de chocolat.

5. Enfourne à 165 °C pour 25 min. C'est prêt.

LE + DU CANTINIER

À déguster chaud, tiède ou froid, avec une boule de glace vanille.

MOUSSE AU CHOCOLAT SANS JAUNE ET SANS TROP DE SUCRE AJOUTÉ

Alors là, je m'éloigne franchement des recettes traditionnelles de mousse au chocolat, qui sont, pour ma part, beaucoup trop sucrées. Le sujet des jaunes d'œufs fait débat ; je t'explique pourquoi : en gros, en restauration scolaire, on utilise pour les desserts et les pâtisseries des « ovoproduits », d'un côté du blanc d'œuf et d'un autre du jaune d'œuf en litre, pour des questions de praticité, de gain de temps et de sécurité alimentaire. Je me suis rendu compte que le jaune dans la mousse n'avait aucun intérêt gustatif. On l'a donc supprimé de la recette pour la cantine. Au moment de faire ta mousse au chocolat, tu as deux options : soit tu utilises tes jaunes pour faire une mayonnaise ou une crème anglaise, soit tu les mets quand même dans la mousse (on ne va pas les jeter, non plus).
Quant au sucre, rappelons que le chocolat noir est déjà très sucré — plus ou moins selon les marques et variétés —, donc le dosage sera au goût de chacun.

<u>Ingrédients</u>
- 200 g de chocolat
- 50 g de beurre
- 6 œufs
- 20 g de sucre

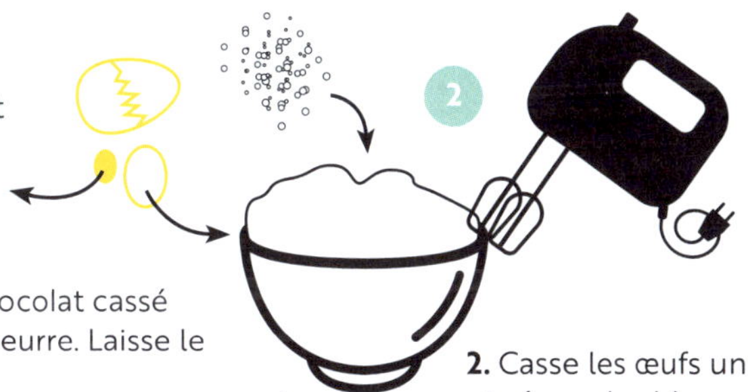

1. Fais fondre le chocolat cassé en carrés avec le beurre. Laisse le mélange tiédir.

2. Casse les œufs un à un et sépare les blancs des jaunes. Monte les blancs en neige ; avant qu'ils ne deviennent très fermes, ajoute le sucre pour bien les « serrer ».

3. Incorpore ⅓ des blancs en neige au chocolat, à l'aide d'une maryse, puis le reste.

4. Laisse reposer au moins 2 h au réfrigérateur. Soit dans un plat, soit dans des ramequins ou des pots individuels.

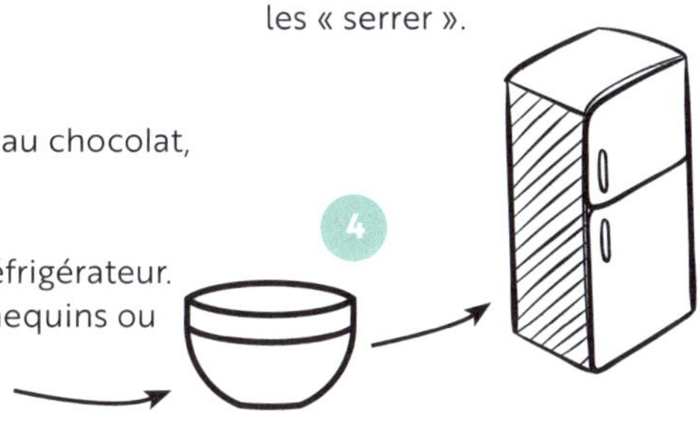

PANNA COTTA

Panna cotta veut dire « crème cuite » en italien. Accompagnée d'un caramel au beurre salé ou d'un coulis de fraises, c'est du grand kiff pour les papilles. Je la propose en version agar-agar, car je ne suis pas fan de la gélatine alimentaire.

Ingrédients
- 50 cl de lait
- 50 cl de crème liquide 35 % MG
- 70 g de sucre
- 4 g d'agar-agar

1. Dans une casserole, verse le lait et la crème liquide, mélange. Puis ajoute le sucre et l'agar-agar.

2. Porte le tout à ébullition, en remuant régulièrement, puis laisse cuire à feu doux pendant 2 min.

3. Remplis des ramequins et laisse prendre au réfrigérateur pendant au moins 3 h.

LE + DU CANTINIER

Si tu es en retard dans ta préparation ou juste si tu as envie de la déguster plus vite, tu peux placer la panna cotta à peine 30 min au congélateur. Pas de coulis et pas de caramel pour l'accompagner ? Ne fais pas cette tête ! Tu peux mettre de la **confiture** ou du **chocolat** fondu.

MOELLEUX DE PAIN PERDU AU CHOCOLAT

C'est un classique de la cuisine anti-gaspi. Un incontournable même et d'une simplicité absolue. Il y a un petit côté ludique pour un enfant de voir se transformer un pain rassis en un délicieux gâteau.

Ingrédients
- 1 baguette de pain rassise
- 3 œufs entiers
- 50 cl de lait
- 120 g de sucre
- 150 g de pépites de chocolat
- 1 cuil. à café d'extrait de vanille

1. Préchauffe le four à 165 °C.

2. Bats les œufs entiers avec le lait et le sucre.

3. Dans un plat à gratin, répartis la baguette de pain coupée en tranches fines.

4. Verse le mélange sur le pain et laisse imbiber pendant 2 h au frais.

5. Ajoute les pépites de chocolat et l'extrait de vanille

6. Mélange bien le tout, puis verse dans un moule à gâteau de ton choix.

7. Laisse cuire au four pendant 35 min.

LE + DU CANTINIER

Si tu n'as pas de pépites de chocolat, passe une **tablette de chocolat** à la grosse râpe, ça fait le job et c'est toléré. Une **banane trop mûre** dans la corbeille de fruits ou quelques fruits abîmés ? Coupe-les en petits morceaux et incorpore-les à la place du chocolat.

GÂTEAU CARAMÉLISÉ AUX POIRES

J'adore ce gâteau qu'il est possible de proposer à la cantine, mais pas tous les jours car il est riche en sucre et en beurre. Ma recette de caramel maison est simple à réaliser, sans le souci de la température.

Ingrédients
- 120 g de beurre demi-sel
- 3 œufs entiers
- 100 g d'amandes en poudre
- 80 g de sucre en poudre
- 1 sachet de levure chimique
- 1 cuil. à soupe de rhum
- 150 g de farine
- 4 poires coupés en quartiers

Pour le caramel au beurre salé
- 150 g de sucre
- 70 g de beurre demi-sel
- 15 cl de crème liquide à 35 % MG
- 1 cuil. à café de jus de citron

1. Prépare le caramel.
Fais fondre le sucre dans une casserole avec un petit filet d'eau, puis ajoute le beurre coupé en petits morceaux. Porte à ébullition jusqu'à l'obtention d'une couleur rousse. Dès que le sucre brunit, ôte la casserole du feu et verse d'un seul coup la crème liquide. Mélange au fouet, puis ajoute le jus de citron. Laisse ensuite reposer à température ambiante.

2. Préchauffe le four à 180 °C.

3. Verse la moitié du caramel au fond d'un moule à cake. Dispose les quartiers de 2 poires sur le caramel.

4. Mélange les œufs et le sucre dans un saladier, puis ajoute la farine, le beurre fondu et tous les autres ingrédients en remuant jusqu'à l'obtention d'une pâte homogène.

5. Ajoute les quartiers des 2 poires restantes et verse la préparation dans le moule à cake.

6. Verse le caramel restant sur le dessus.

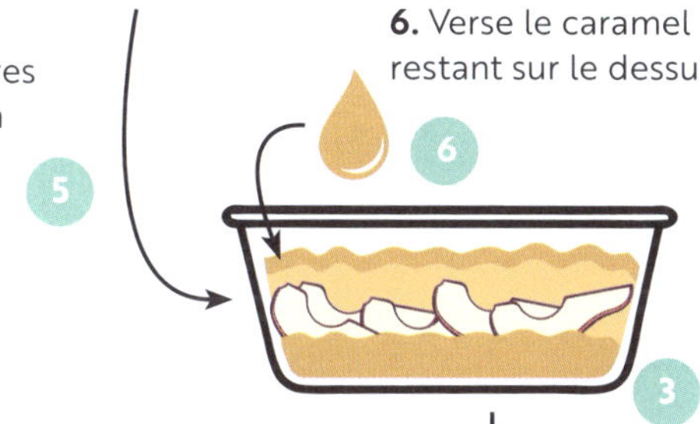

8. Sors le gâteau du four et attend entre 5 et 10 min pour le démouler car, s'il est trop chaud, il se cassera et, s'il est trop froid, il risque de coller.

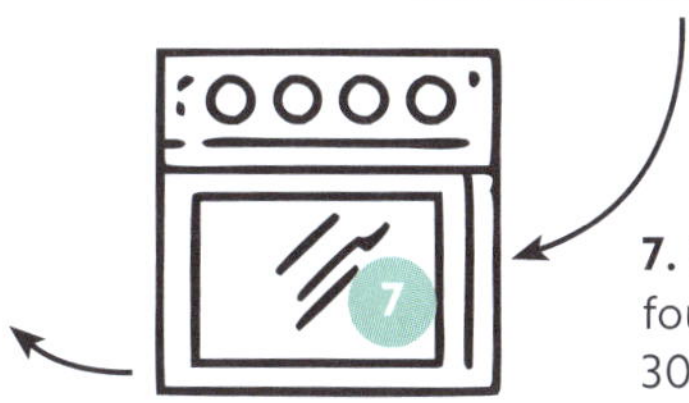

7. Fais cuire au four pendant 30 min.

LE + DU CANTINIER

Ce n'est pas forcément la recette la plus simple à maîtriser, mais le résultat est incroyable. Tu peux toujours acheter du caramel tout prêt, si tu n'oses pas prendre de risques. Dans la version anti-gaspi, remplace la farine par de la **chapelure de pain sec** et les poires par des **fruits abîmés**.

LA CRÈME AU FOUR

Le dessert lacté de référence à côté des yaourts et des fromages blancs ! On essaie toujours de diversifier les desserts à la cantine. La crème au four peut être au caramel (fait maison ou non, maintenant tu le sais), à la noix de coco ou au cacao.

Ingrédients

- 50 g de sucre de ton choix
- 3 œufs entiers
- 35 cl de lait
- 15 cl de crème liquide à 35 % MG
- 1 gousse de vanille fendue
- 50 g de noix de coco râpée

1. Préchauffe le four à 220 °C et verse de l'eau dans le fond de la lèchefrite.

2. Dans un saladier, mélange au fouet le sucre et les œufs.

3. Dans une casserole, verse le lait, la crème et la gousse de vanille. Porte à ébullition, puis verse le mélange dans le saladier en fouettant énergiquement.

4. Ajoute la noix de coco râpée.

5. Répartis le mélange dans des ramequins allant au four et dépose-les dans la lèchefrite.

6. Fais cuire les crèmes 8 min, puis laisse les ramequins dans le four éteint pendant 10 min.

LE + DU CANTINIER

Tu peux remplacer la noix de coco par du **cacao** ou du **caramel**. Le cacao doit être ajouté au moment de chauffer le lait et la crème. Le caramel sera versé au fond des ramequins.

Bon à savoir

LES QUANTITÉS XXL DE LA CANTINE

LA MOUSSE AU CHOCOLAT POUR 1000

- 40 kg de chocolat noir (160 tablettes)
- 6 kg de beurre doux
- 2 kg de sucre blanc
- 24 l de blancs d'œufs

Mettre du jaune d'œuf dans la mousse n'a aucun intérêt, c'est juste un geste « anti-gaspi » pour ne pas jeter le jaune quand tu le sépares du blanc pour monter les blancs en neige.

LE KEBAB REVISITÉ POUR 900
- 900 pains à kebab
- 90 kg d'émincé de dinde très fin
- 225 kg de frites
- 27 kg de tomates
- 7 kg d'oignons rouges
- 20 salades vertes (du style batavias)
- 7 kg de courgettes
- 7 kg de carottes
- 7 kg de navets

MARINADE POUR LA VIANDE, À PRÉPARER LA VEILLE
- 1 kg d'ail
- 1 l d'huile d'olive
- 1 l de vinaigre de xérès
- 800 g de paprika fumé
- 800 g de curry
- 500 g de gingembre
- 500 g d'origan

SAUCE BLANCHE
- 30 kg de fromage blanc
- 10 kg de mayonnaise
- 10 kg de crème fraîche épaisse
- 50 cl de Pulco citron®
- 300 g de cumin en poudre
- origan
- 450 g de sel
- 200 g de poivre noir moulu

C'est une petite astuce pour faire manger des légumes. On les râpe grossièrement, on les fait revenir à l'huile d'olive, puis on les incorpore à l'émincé de dinde mariné et cuit.

LE TABOULÉ THON-CITRON POUR 400

- 10 kg de semoule
- 6 l d'eau
- 3 l de vinaigrette
- 6 grosses boîtes de thon au naturel
- 10 kg de tomates
- 25 citrons pressés
- 4 kg de poivrons

Le gros avantage du taboulé, c'est qu'on peut le mettre à toutes les sauces et ainsi varier les légumes que l'on mélange, en fonction des saisons et des envies.

LE CRUMBLE TOMATES ET COURGETTES POUR 500

- 10 kg de farine
- 6 kg de beurre demi-sel
- 3 kg de parmesan
- 5 kg d'emmental
- 35 kg de courgettes
- 40 kg de tomates

Bon à savoir : le parmesan n'est pas considéré comme un produit végétarien (oui, oui, j'étais aussi surpris que toi quand je l'ai appris !). Il contient, en effet, de la pressure de veau (estomac) nécessaire à sa fermentation !

LÉGUMES COUSCOUS POUR 1 000

- 32 kg de céleri-branche
- 36 kg de tomates
- 36 kg de navets
- 36 kg de courgettes
- 36 kg de carottes
- 5 kg de pois chiches
- 1 kg de ras-el-hanout

Trop souvent, dans les cantines, on retrouve ce genre de mélange de légumes déjà tout prêt, soit en surgelé, soit en boîte. Si, dans la tienne, tu vois que la coupe des légumes est trop régulière et que ceux-ci sont pleins d'eau, tu peux te dire que le fait maison ne fait pas partie de ses principes.

LE CORDON BLEU POUR 600

- 60 kg d'escalope de poulet ou de dinde
- 10 kg de bacon ou de jambon
- 12 kg d'emmental
- 5 kg de farine
- 10 l d'œufs liquides (150 œufs entiers)
- 9 kg de chapelure

Les œufs liquides sont souvent utilisés en restauration collective, cela évite trop de manipulation de l'œuf entier — qui est porteur, entre autres, de la bactérie salmonelle — et ainsi, cela limite les risques de contamination et de toxi-infection alimentaire collective (voir p. 77). Les œufs frais peuvent toutefois être utilisés s'ils proviennent d'un centre d'élevage agréé par l'État. Pour des œufs durs, c'est très largement possible et on évite ainsi les œufs caoutchouc !

LES COQUILLETTES AU BEURRE POUR 1 000

- 100 kg de coquillettes
- 400 l d'eau
- 800 g de sel
- 2 kg de beurre

Les pâtes et les féculents sont, sans surprise, les plats les plus appréciés des élèves ! Bien évidemment, les pâtes seront bien meilleures *al dente*, pour une question de digestion et de nutrition, car les pâtes trop cuites se transforment en sucres rapides et favorisent l'obésité ! Par ailleurs, le fameux « beurre aux pâtes » est complètement déconseillé ! Bref, les pâtes, c'est oui mais correctement cuisinées !

LES WRAPS AU SAUMON POUR 500

- 250 tortillas de blé
- 25 kg de fromage frais
- 5 kg de fromage blanc
- 5 kg de mayonnaise
- 20 salades vertes (du style feuilles de chêne)
- 18 kg de saumon frais
- 15 kg de carottes râpées
- 5 kg d'endives
- sel, poivre, curry, curcuma

Autant, à la cantine, nous avons la possibilité et le droit de faire de la mayonnaise maison – à condition qu'elle soit servie et consommée rapidement –, autant, pour des préparations comme celle-ci, il est préférable d'utiliser de la mayonnaise industrielle pour éviter tous risques de contaminations croisées avec les autres aliments présents. Cela étant dit, le wrap est un bon moyen de faire manger des crudités différentes.

CAKE AU POTIMARRON POUR 1 000

- 24 kg de potimarron
- 8 l d'œufs liquides
- 8 kg de farine
- 3 kg de beurre
- 3 kg de crème liquide
- 1 kg de cerneaux de noix
- 4 kg d'emmental râpé
- 22 sachets de levure

Voici un cake salé de saison, tu l'auras compris, un cake que l'on n'a pas l'habitude de manger ; mais c'est pour nous l'opportunité d'une éducation alimentaire en toute discrétion, au quotidien et au rythme des saisons.

LES LASAGNES AUX LENTILLES POUR 500

- 13 kg de lentilles
- 8 kg de navets
- 8 kg de rutabagas
- 8 kg de carottes
- 1 kg d'oignons
- 27 kg de pâtes à lasagne
- 55 l de lait
- 4 kg de beurre
- 4 kg de farine
- 10 l de vin blanc
- 6 grosses boîtes de tomates concassées
- 30 l de coulis de tomates

Pour la petite anecdote, la première fois que j'ai testé cette recette à la maison, voici quelle a été la réaction de ma fille, à l'énoncé de ce plat : « Mais mais !? Elle est où, la viande ?? » Bon, je lui ai répondu, comme Vianney, qu'elle n'était pas là (#humourtoujours). En argumentant qu'il fallait trouver des alternatives végétariennes et qu'en revisitant ce plat italien populaire, ce serait sans doute une bonne idée pour la cantine.

LE CRUMBLE POMMES-PÉPITES POUR 800

- 24 kg de farine
- 13 kg de beurre
- 13 kg de sucre blond
- 30 kg de pommes fruits
- 5 kg de pépites de chocolat

LES BEIGNETS DE CARNAVAL POUR 400

- 9 kg de farine
- 1,2 kg de sucre
- 4 l d'œufs liquides
- 2 kg de beurre
- 200 g de levure chimique
- 1/2 l de lait
- vanille, rhum, cognac

Comme tu peux le remarquer dans cette recette, il y a la présence d'alcool. En effet, son utilisation à la cantine est autorisée à la condition, bien sûr, d'une cuisson qui permet son évaporation. Ainsi, le taux d'alcool disparaît, pour ne laisser que la saveur... un peu comme ce qui se passe pour un bœuf bourguignon cuisiné au vin rouge.

11

Le monde merveilleux des **régimes alimentaires** à la cantine

Bienvenue dans la partie sensible, pour ne pas dire tabou, de notre livre. Avec un sujet qui fait débat et sur lequel je vais tenter d'avoir un regard impartial et pragmatique, connaissant la réalité du terrain. Bien sûr, la question des menus liés aux pratiques confessionnelles existe, de même que celle des menus végétariens ou végans. De plus, les allergies ou encore les troubles du comportement alimentaire (TCA) sont de plus en plus à prendre en compte. La viande a-t-elle encore sa place dans les assiettes de nos jeunes ? Faut-il consommer beaucoup plus de protéines végétales ? Est-il possible de prévoir des menus différenciés ? Indéniablement, c'est un casse-tête pour les cantines.

LE PROJET D'ACCUEIL INDIVIDUALISÉ

Le PAI est un document écrit qui précise les adaptations à apporter à la vie d'un enfant ou d'un adolescent en collectivité (école, collège, lycée, centre de loisirs) pour lui permettre de suivre sa scolarité dans les meilleures conditions possibles et qui prend en compte les allergies, les maladies chroniques, les handicaps et les troubles du comportement alimentaire.

Maintenant, je te mets au défi de retenir la liste complète des 14 allergènes qui y sont référencés ! Leur présence dans les menus doit être obligatoirement affichée, chaque jour, dans les restaurants scolaires. Il y a le lupin – qui est une graine légumineuse riche en protéines –, le soja, le lait, les œufs, les crustacés, les poissons, les céréales contenant du gluten (blé, orge, seigle, épeautre), les arachides, les fruits à coque, le sulfite (présent dans le vinaigre de vin), le céleri, la moutarde, le sésame et les mollusques.

Le PAI est nominatif et doit comporter des informations essentielles pour pouvoir être appliqué :

- les informations concernant l'élève concerné (nom, prénom, date de naissance...) ;
- la nature du trouble de la santé présent chez cet élève ;
- les aménagements nécessaires (adaptation du temps scolaire, dispenses d'EPS, PAI alimentaire...) ;
- les médicaments à administrer et les gestes d'urgence à réaliser, si nécessaire ;
- les coordonnées des personnes à contacter en cas d'urgence.

Ce document est élaboré en collaboration avec le médecin traitant, l'infirmerie scolaire, le service restauration, la direction et l'équipe pédagogique. Il peut être appliqué dans des cas concrets tels que l'asthme, le diabète, les crises d'épilepsie, etc. Il n'est valable qu'un an et est renouvelable à chaque rentrée scolaire (pas de forfait longue durée et sans engagement, ici ! Oui, je me permets de faire de l'humour sur un sujet sérieux mais cela ne remet pas en question mon intérêt pour les sujets de santé).

Contrairement à ce que l'on pourrait penser et à mon grand désarroi, la mise en place du PAI n'est pas obligatoire, elle est juste recommandée et certains établissements en refusent les demandes. Une solution est toujours possible, quand il n'y a pas de PAI, et un accord peut être trouvé avec la direction, comme la possibilité de pouvoir apporter un repas adapté pour que l'élève concerné puisse manger à la cantine avec ses camarades.

ET LES PRATIQUES CONFESSIONNELLES ?

À la cantine, tous les types de viandes sont proposés et le poisson n'est pas systématiquement servi le vendredi. Légalement les menus de substitution « ne sont ni obligatoires ni interdits » (décision rendue par le Conseil d'État) : donc chaque collectivité territoriale compose. En pratique, quand il y a de la viande de porc au menu, des alternatives sont souvent proposées : de la volaille, du poisson ou bien des légumineuses. Reste que les viandes ne sont ni casher ni halal. Pourquoi ne pas satisfaire les demandes liées aux confessions ? Les raisons ne sont pas seulement à chercher dans le principe de laïcité et de neutralité, mais aussi dans les contraintes logistiques et budgétaires. L'important est de trouver une organisation des repas qui favorise un temps de partage à table et ce que l'on appelle « la commensalité », c'est-à-dire « le vivre ensemble ».

VÉGANS, VÉGÉTARIENS, OMNIVORES ?

Assiste-t-on, en ce moment, à une nouvelle guerre des clans ?
« Nous, les végans, nous avons raison ! »
« Nous, les omnivores, nous avons raison ! »
Aaah, si tu savais, entre ces deux clans, tous les régimes possibles et imaginables ! Entre les lacto-végétariens, les pesco-végétariens, les flexitariens, les végans-sans-gluten, les végétaliens, les ovo-végétariens et j'en passe et des meilleurs, mais qui donc fait moins bien, mieux ou carrément pire que les autres ? Je me garde bien de donner des réponses claires et précises car ce n'est pas mon domaine d'expertise. Je t'évoque tout cela pour te montrer la difficulté que l'on peut rencontrer au quotidien, dans les cantines, face à ce nombre de régimes incalculable !

MOINS DE VIANDE, MAIS DE LA BONNE

Quoi qu'il en soit, force est de constater que, pour des raisons de santé, il est préconisé de manger de tout avec modération. En effet, la surconsommation de viande favorise plusieurs risques pour la santé.

- **Maladies cardiovasculaires :** la teneur élevée en graisses saturées et en cholestérol de la viande rouge y prédispose.

- **Cancer :** la consommation excessive de viande rouge et de viandes transformées (comme le bacon, les saucisses) est classée comme cancérogène « probable » par l'OMS, en particulier pour le cancer colorectal.

- **Diabète :** un régime riche en viande, en particulier la viande rouge et transformée, génère un risque accru de diabète.

- **Obésité :** les régimes riches en viande, surtout lorsqu'ils sont combinés à des aliments transformés et à une faible consommation de fruits et légumes, peuvent contribuer à l'obésité.

Je vais te parler un peu de la viande. Bien que ce soit complètement à contre-courant des menus végétariens qui font beaucoup parler d'eux – et à juste titre (ce sujet sera approfondi par la suite, rassure-toi) –, j'ai eu l'occasion, récemment, d'échanger avec une diététicienne qui m'a mis en face de cette question : « La viande a-t-elle encore de la place dans nos assiettes ? » La réponse n'est pas si évidente que cela mais elle est pourtant radicale. Oui, la viande, dans une limite de consommation à moins de 500 g par personne et par semaine, est essentielle pour la croissance et le développement de l'enfant :

- La mastication (plus importante avec un morceau de viande) favorise le développement de l'intelligence.

- Les apports nutritionnels en fer se font beaucoup plus facilement par la protéine animale. Juste pour te donner un exemple, pour absorber les 15 mg de fer quotidiens qui sont recommandés, tu peux manger un petit boudin noir ou 1,2 kg de lentilles. Ce sont juste des constatations

prouvées scientifiquement et donc se passer de la viande serait une erreur.

D'un point de vue éthique, la question du bien-être animal aussi est essentielle. Consommer de la viande, oui, mais en faisant attention à la manière dont l'animal a été élevé, abattu et préparé. D'ailleurs si tu manges de tout, sauras-tu répondre à cette question : es-tu un consommateur de viande sarcophage ou zoophage ? Haha, rien à voir avec l'Égypte ancienne ou le fait d'aimer plus que de raison les animaux ! Si tu es sarcophage, tu ne veux pas avoir conscience que tu manges un animal mais tu en manges quand même, à condition qu'il soit transformé en nuggets, cordon bleu ou steak haché. Si tu es zoophage, tu préféreras manger une côte de bœuf ou une cuisse de poulet : manger un animal est pour toi naturel.
Il est bien évident également, selon moi, que, pour soutenir une économie agricole durable, le fait de consommer de la viande est aussi essentiel que le fait de manger 5 fruits et légumes par jour. À condition que les produits consommés à la cantine soient français.

Et pourquoi le menu végétarien obligatoire, maintenant ? Eh oui, le menu végétarien obligatoire s'est invité dans les réfectoires depuis la loi Egalim I, en 2018. Il a été préconisé qu'il fallait éviter une surconsommation de viande pour protéger notre santé et l'environnement tout à la fois, sans pour autant la supprimer pour les raisons évoquées précédemment. Pour la limiter, la solution était de trouver une alternative à mettre en place dans les menus de la restauration scolaire. Naturellement, le menu végétarien s'est mis en place progressivement, c'est pour moi une bonne chose et je vais t'expliquer pourquoi.

- Tout d'abord ce menu végétarien imposé n'est en aucun cas un ennemi de la viande, on peut alterner menu végétarien et menu carné car il est préférable de manger de tout.

- Quand le menu végétarien est fait maison, c'est bien meilleur pour la santé qu'un produit industriel ultra-transformé (mais pourquoi donc imiter la viande à base de fabrications douteuses ?). Cela permet aussi de faire des économies et de dégager des marges pour acheter des aliments de qualité supérieure.

- D'un point de vue nutritionnel, le menu végétarien est un allié. Quand les légumineuses sont bien cuisinées, elles se digèrent très bien et leur apport en protéines et en fibres est une chance. Le menu végétarien peut être une opportunité pour remettre des fibres dans les assiettes... qui en manquent souvent cruellement. Sur le territoire français, nous avons la chance de produire des légumineuses (par exemple, les mogettes de Vendée, les lingots du Nord, les lentillons de Champagne), des herbes aromatiques (la sarriette, la marjolaine, la livèche...) et des légumes (le fenouil, le navet, le cresson... mais on n'a pas appris à en faire les stars de l'assiette et on les voit trop peu souvent en restauration collective). À nous de les remettre au goût du jour dans les cantines. C'est un défi que les équipes de cuisine au service de la restauration scolaire française doivent relever !

On peut se poser une question, d'ailleurs : la tradition culinaire populaire française a-t-elle toujours été centrée sur la viande ? En réalité, nos arrière-grands-parents mangeaient beaucoup moins de viande que nous et, quand ils en mangeaient, c'était souvent comme exhausteur de goût (exemple : le talon de jambon dans la garbure) ; ils faisaient la part belle aux haricots, aux lentilles, aux mijotés à base de légumes et de légumineuses. Prenons conscience qu'en restauration collective, on nourrit certes des jeunes, mais on leur transmet aussi un patrimoine culinaire en perpétuelle évolution.

En conclusion, si chaque régime était une balle en mousse, eh bien, la cantine serait bien le théâtre d'un spectacle de jongleurs ! Oui, c'est ça : on jongle au quotidien dans le but de satisfaire un maximum de convives ! En faisant appel à la fois à nos connaissances de ce qui est bon pour la santé, à notre sens de l'adaptation (quand les lois invitent à évoluer), à notre souci de commensalité et à notre créativité, mariant innovation et traditions culinaires.

12

Mon combat : le gaspillage alimentaire

Cette fois, je t'embarque avec moi dans un combat dont j'aimerais sortir vainqueur : je rêve d'un bon KO imposé au gaspillage alimentaire à la cantine par Zéro Gaspi, en bonne et due forme ! Oui, je sais, c'est peut-être une utopie car le gaspillage est ancré dans notre société comme une foutue sangsue sur le dos d'un éléphant en pleine pampa africaine. Bref, tu as compris l'idée, avant d'éradiquer complètement ce fléau, il nous faudra de la patience, de la persévérance, de l'abnégation pour communiquer et sensibiliser le plus grand nombre.

COMMENT POUVONS-NOUS AGIR À LA MAISON ?

Le gaspillage alimentaire ne provient pas exclusivement de la restauration scolaire, nous ne sommes pas les seuls coupables, monsieur le juge ! Il commence au niveau de la production agricole, avec plus 40 % de ce qui est produit qui ne voit jamais l'ombre d'une cuisine ou d'une assiette ! Entre autres à cause des fruits et légumes dits « moches » (tu sais, ce genre de fruits et légumes qui ne sont pas bien calibrés, pas à la bonne taille, qui ne ressemblent pas à leur voisin, dont personne ne veut et qui se retrouvent souvent parmi les déchets alimentaires) ; alors qu'ils sont pourtant consommables, voire très bons.

Heureusement, des solutions alternatives apparaissent pour injecter les « moches » dans des circuits de distribution parallèle, via des associations locales ou nationales et des startups qui proposent ces fruits et légumes aux restaurants collectifs notamment, donc aussi aux cantines. Grâce à ces différentes initiatives, de nombreuses tonnes de nourriture sont ainsi sauvées.

Au niveau des particuliers, la startup Hors-normes, par exemple, située à Paris, propose la livraison de paniers avec ce type de végétaux. Ouvre bien les yeux car, maintenant, les enseignes de distribution classique les proposent aussi à la vente, avec des paniers anti-gaspi à bas prix qui, ouf, se démocratisent ; ce sont des assortiments de fruits et légumes en fin de vie mais que l'on peut tout à fait cuisiner et dont on peut faire des plats délicieux à moindre coût ! Et comme ça, toi aussi, participe à cette lutte en consommant ces fruits et légumes « moches ». Imagine, pour moins de 3 euros, tu peux te retrouver à faire un repas du soir avec une bonne soupe et une belle salade fruits pour au moins quatre personnes ! N'ayons pas peur des « moches », sachons nous en servir et les rendre gustativement sexy ! C'est grâce à une bonne éducation anti-gaspi à la maison que l'on jette moins à partir des assiettes de la cantine et d'ailleurs.

Je me souviens, quand j'étais petit, on avait des soirées « restes », on devait finir nos assiettes : c'était le quotidien et c'était normal. On ne se posait pas la question du gaspillage, c'était une évidence... un peu comme la lumière et la fameuse phrase « C'est pas Versailles, ici !! ». Bref, la sensibilisation à cette question dès le plus jeune âge est cruciale. On le voit au quotidien, le gaspillage est malheureusement d'une banalité effarante chez certains enfants et ados. Le « mes parents payent, de toutes façons » n'est pas une légende. Et si ce n'était que les enfants... Quand je vois comment ça se passe dans les restaurants, ça fait peur ! « J'ai payé ! Ça va ! » Oui, ça va... à la poubelle souvent !

ET EN RESTAURATION COLLECTIVE ?

9 tonnes : c'est le poids des déchets alimentaires relevés chaque jour dans les restaurants du quartier d'affaires de La Défense, à l'ouest de Paris ! À qui la faute ? Surproduction, standardisation des portions, non-connaissance de sa propre faim, j'en passe et des meilleures. Avec une moyenne de 100 g de déchets par plateau de cantine et une totalité de plus d'un milliard de repas servis chaque année, en France, en 2023, cela fait plus de 100 000 tonnes de nourriture qui partent à la poubelle ou au compost, dans le moins pire des cas. Une goutte d'eau à l'échelle mondiale, avec plus de 1,3 milliard de tonnes de gaspillage alimentaire (source : ADEME) ! Je reste quand même optimiste car si peu de gaspillage est constaté dans certains endroits, c'est que des solutions efficaces peuvent être mises en place facilement.

GASPILLAGE MONDIAL

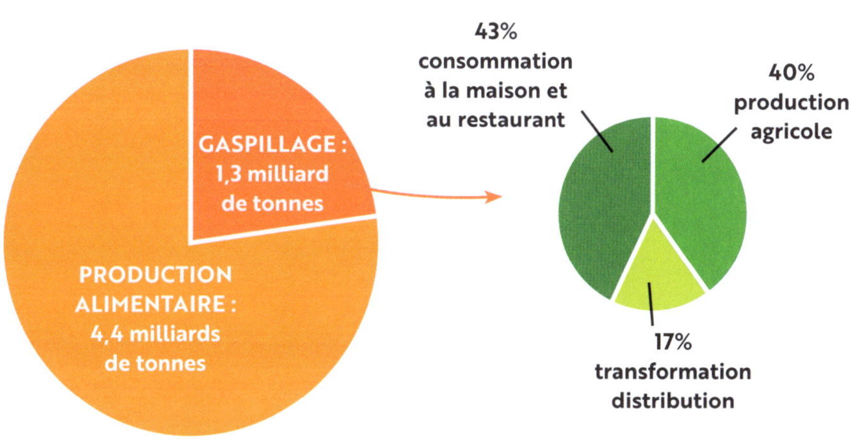

Année 2023 (source ADEME)

Cela dit, cette « goutte d'eau » pourrait être une source d'économie non négligeable. En moyenne (oui, encore une statistique), c'est 15 000 euros de gaspillage alimentaire par an, en moyenne, dans une restauration scolaire de 600 élèves ! Autant d'argent qui pourrait être réutilisé, par exemple, pour améliorer la qualité des prestations, pour investir dans du matériel performant. Tout n'est en fait qu'un cercle vertueux : meilleure la qualité est, mieux on cuisine, moins de gaspillage il y aura. C'est une évidence : on ne peut pas lutter contre ce dernier si, tout simplement, la nourriture n'est pas bonne. Et quand bien même la qualité est au rendez-vous, faut-il encore être à l'écoute sur les quantités nécessaires à chacun et savoir un tant soit peu s'adapter à la demande, tout en évitant la surproduction grâce des systèmes de réservation de repas performants.

À MON HUMBLE NIVEAU

Je tiens vraiment à remercier quelqu'un qui m'est cher, à ce sujet-là, et qui m'a fait prendre conscience de l'impact positif d'une telle lutte. Quand je suis arrivé en 2014 dans la restauration collective, le gaspillage alimentaire dans mon quotidien professionnel était pour moi quelque chose de banal... Gilles, le magasinier qui était en poste, avait déjà mis en place de petites actions de sensibilisation : par exemple, une fois par mois et sur une semaine entière, il pesait les déchets et les restes alimentaires à la fin des repas, dans le réfectoire et en cuisine. Il avait commencé à s'attaquer à ce sujet dès les années 2000 et avait donc la charge de gérer les affichages, les pesées, etc. Alors, je m'y suis naturellement intéressé, à mon tour. C'est bien lui qui m'a expliqué tout l'intérêt de jeter moins pour des questions économiques et environnementales. C'est lui qui, le premier au sein de l'équipe, a conseillé d'adapter les quantités de production en fonction des menus.
À l'époque, ça aurait fait le buzz sur les réseaux ! Je me souviendrai toujours du jour où il a eu l'idée de peser les restes de pot-au-feu servi ce midi-là. Un record : il y avait une quantité astronomique de gaspillage de plus de 200 kg... et sans les os ! Plus de 200 g par plateau ! Il a donc décidé d'« exposer » les déchets sur une grande bâche, en plein milieu du foyer des jeunes (le lieu où se retrouvent les élèves lors du temps libre, pendant les journées de cours) ! Cette initiative a marqué les esprits, dont le mien tout particulièrement.

Alors naturellement, quand l'heure de la retraite a sonné pour monsieur Gilles, j'ai décidé de prendre son relais dans l'organisation des actions de sensibilisation et de combat contre le gaspillage alimentaire. Écoute et communication auprès des élèves ont été mes bases pour arriver à de bons résultats.

Et comme dit le proverbe, « Rome ne s'est pas faite en un jour ». Dans les années 2000, la moyenne en gaspillage pour notre établissement était de plus de 120 g par plateau. À la suite des actions de Gilles, elle est passée sous la barre des 100 g, puis des 70 g à son départ à la retraite. Aujourd'hui, nous avons réussi, grâce à tout l'écosystème mis en place, à obtenir une moyenne de 30 g par plateau.

Oui, tout ça prend du temps, de l'investissement, et c'est aussi pour cette raison que je mets en place des « semaines anti-gaspi », une fois entre chaque période de vacances scolaires pour concentrer les efforts, avec des élèves bénévoles en renfort. La pesée des déchets et la communication de ses résultats impactent et sensibilisent très bien les convives. Mais toute l'année, ce serait idéal.

Des solutions innovantes existent : notamment celle qui est proposée par la startup Kikleo qui a créé un système de scan qui lui-même évalue le gaspillage alimentaire au niveau de la desserte des plateaux ainsi qu'en cuisine. Et tout ça par une intelligence artificielle ! Le futur arrive à la cantine ! (Tu veux en savoir plus ? Je m'en doutais ! Eh bien, va voir un peu plus loin dans le chapitre…)

Revenons à ma réalité quotidienne : bien avant que je ne communique autour du sujet sur les réseaux sociaux, on avait eu l'idée, avec les élèves du Conseil de vie du lycée dans lequel je travaille, pour toucher un maximum de monde, de créer le concept d'une Brigade Anti-gaspi (plus simplement nommée la BAG : ça donne un petit côté FBI !). L'idée était de la faire intervenir, lors des semaines dédiées, pour sensibiliser les élèves, leur proposer des sondages, aider à l'évaluation du gaspillage, et tout ça de manière ludique ! Les conseils de vie sont un moment décisif pour mettre en place ce genre d'actions. J'en profite pour remercier Victor, ancien élève qui se reconnaîtra peut-être, pour son aide à la création des tee-shirts de la brigade. C'est certain, une brigade sans uniformes n'est pas une brigade !

Concernant le pain, qui lui aussi est gaspillé en quantité, la méthode est simple. Côté sensibilisation, il est bien de mettre un Gaspimètre de pain pas loin de la desserte plateau, dans un premier temps, pour évaluer la quantité jetée. Le nôtre avait été fabriqué, à ma demande, par les agents du service technique de l'établissement : 4 plaques de plexiglass, une armature en bois et le tour est joué ! Quand, la première fois, on a fait notre évaluation sur une semaine, notre Gaspimètre était plein à ras bord de petits pains individuels. Ils étaient livrés tous les matins par un artisan boulanger mais on s'est vite rendu compte que cela coûtait pas mal d'argent. On a donc décidé d'investir dans un trancheur de pain automatique et ainsi de proposer toujours du pain frais mais à la coupe, en tartine. Alors, au choix c'est 1, 2 ou 3 tranches. Ce qu'on dit aux élèves est frappé au coin du bon sens : « Vraiment, s'il te reste un morceau de pain en fin de repas, eh bien garde-le pour le goûter, c'est autorisé. » Un peu à l'image du fruit pris et non consommé, qui peut finir au fond du cartable pour une utilisation ultérieure.

Résultat de notre opération (non, non, je ne perds pas le fil) : on a réussi à atteindre un résultat assez surprenant, avec une moyenne de 1 g de pain gaspillé par élève sur une semaine entière de repas. Mais le combat n'est pas fini, il ne faut pas baisser les bras et, chacun à notre échelle, faisons en sorte d'avoir en ligne de mire le zéro gaspi !

LA MÉTHODE ANTI-GASPI IDÉALE

- Proposition de repas de qualité
- Limitation de la surproduction
- Adaptation des quantités et écoute des convives
- Anticipation des réservations de repas
- Communication des menus
- Système de self-service en libre choix
- Pain à la coupe
- Affichages de prévention changés régulièrement
- Débarrassage et tri sélectif des plateaux par l'élève
- Création d'une Brigade Anti-Gaspi
- Mise en place d'un Gaspimètre de pain
- Tableau pour communiquer les résultats et les statistiques

LE FUTUR DE L'ANTI-GASPI

Tant qu'il y aura du gaspillage alimentaire, il y aura des gens comme toi et moi qui lutteront contre ce fléau. Et si on pouvait être aidé par des personnes visionnaires à l'origine d'applications, par des startups avec des démarches novatrices, du bon sens, de l'éthique et, pourquoi pas, une dose d'intelligence artificielle, ce serait bien, non ?
Ah, je vois que tu commences à me connaître, je viens de te voir penser très fort : « S'il me pose la question, c'est que ça doit déjà exister, tout ça. » En effet, les nouvelles technologies viennent au secours du gaspillage alimentaire depuis peu, avec l'apparition de plusieurs startups spécialisées dans ce domaine. Elles offrent une réponse à tous les niveaux du gaspillage alimentaire, allant de la production agricole à la consommation alimentaire. Deux d'entre elles, nommées Beesk et Atypique, sont des grossistes et des distributeurs de fruits et légumes dits « moches ». Elles sauvent des milliers de tonnes de nourriture en les récupérant et les redistribuant aux restaurants collectifs à travers la France entière ! D'un côté, le produit est moins cher pour le restaurant scolaire ; de l'autre, il est sauvé du gaspillage qui lui était destiné. C'est du gagnant-gagnant et c'est bon pour la planète et les papilles tout à la fois.

Par ailleurs, l'autre source de gaspillage alimentaire qu'est la surproduction a donné l'idée à de jeunes entrepreneurs de concevoir des applications dans le but, justement, de limiter cette surproduction. Et ce, grâce au développement d'applications mobiles et de systèmes de prédiction (sur les quantités à préparer), pour anticiper les besoins et les envies des convives et des clients. Je pourrais citer dans ce sens l'application Yoc ainsi que Jabu, qui fonctionnent grâce à... l'intelligence artificielle ! Avec une forte précision de prédiction, elles permettent aux établissements de s'adapter en temps réel à la demande, en assurant une préparation des repas optimisée et en limitant les excédents. Et c'est ainsi qu'en cuisine, les équipes de production profitent de prévisions de consommation pour ajuster les quantités à

préparer, réduisant ainsi le gaspillage et les coûts associés, tout en conservant la qualité des repas. Résultat : il y a moins de déchets, une gestion des stocks affinée et une réduction des dépenses allant jusqu'à 50 % sur les coûts liés au gaspillage. Bon, je ne vais pas te faire le topo complet, mais t'as compris l'idée : anticipation de la consommation pour une meilleure gestion et, ainsi, diminution du gaspillage alimentaire ! C'est-y pas exceptionnel ?
Autre grande et bonne nouvelle : l'intelligence artificielle ne s'est pas arrêtée en si bon chemin car elle a été aussi modelée pour évaluer le gaspillage alimentaire sans aucune perte de temps, avec un écosystème d'évaluation et de prévention créé de toutes pièces par la startup Kikleo. Là, on rentre vraiment dans le Futur avec un grand F, avec une bonne dose de MacFly (rien à voir avec Carlito, si t'as la réf !) et un petit « nom de Zeus » (oui, j'aime bien ce film !). Imagine bien qu'avec ce système équipé d'une caméra intelligente et installé au-dessus du débarrassage des plateaux, les convives et les équipes de cuisine savent, en temps réel, ce qui a exactement été gaspillé en poids, puis en coût. L'intelligence artificielle isole les déchets comme les épluchures, les os et évalue directement le gaspillage réel. Un gain de temps phénoménal pour évaluer les pertes. La prévention est ainsi instantanée et invite le convive à faire beaucoup plus attention à ce qu'il consomme vraiment.
Le même système de scan intelligent peut être installé dans les cuisines pour mieux sensibiliser les équipes et ainsi réduire la surproduction alimentaire. Encore un bond en avant de plus dans ce combat qui devient plus facile à mener… et surtout plus ludique.

Tu comprends, je ne pouvais que partager ces belles initiatives qui vont toutes, en somme, dans le même sens : le bon sens. Et qui sait, peut-être que dans le futur, grâce à tout ça, l'anti-gaspi généralisé ne sera finalement pas qu'une douce utopie.

13

Préjugés sur la cantine : mes réponses

Maintenant, je vais te parler un petit peu, cher lecteur, des préjugés et des légendes urbaines qui hantent depuis de nombreuses années le monde de la restauration scolaire et je vais démêler le vrai du faux, sans aucun tabou, pour enfin y voir plus clair.

PRÉJUGÉ NUMÉRO 1

« LES MENUS AVEC DES ÉPINARDS TOMBENT TOUJOURS APRÈS LA TONTE DE LA PELOUSE. »

Combien de fois j'ai pu entendre cette réflexion, que ce soit à la cantine ou sur les réseaux sociaux. Bien entendu, c'est une légende urbaine qui vient d'un constat simple : à ma génération, les épinards étaient parfois (et sont encore...) très mal cuisinés, en restauration collective, et qui plus est, ils étaient souvent fades comme de la pelouse. Comme par hasard, on les voyait servis aux beaux jours, juste après la tonte hebdomadaire des jardins de la récréation. Bon, vous me direz que je n'ai pas d'explication scientifique à ce phénomène... vous n'avez pas complètement tort, mais la science ne sait pas tout expliquer.

En tous cas, je peux vous assurer que ce n'est pas de l'herbe qu'on vous a servie, foi de Cantinier. Encore moins dans le réfectoire de mon collège, où mon équipe et moi cuisinons le goût du goût.

PRÉJUGÉ NUMÉRO 2

« RIEN N'EST FAIT MAISON, À LA CANTINE. »

C'est vrai et faux. Tout dépend du contexte économique, de l'environnement politique, de l'écosystème mis en place par les collectivités. Il y a certes des endroits où l'on s'en donne peu les moyens mais il est tout à fait possible de proposer beaucoup de fait maison dans les justement nommés restaurants collectifs scolaires.

Je rebondis sur ce préjugé pour te partager ce petit témoignage affligeant que j'ai reçu d'un soi-disant professeur de cuisine : « Je conseille à mes élèves de ne pas se perdre à aller travailler en restauration collective pour ouvrir des boîtes et des surgelés. » Ou comment donner envie à des professionnels de venir travailler dans les cantines (#humourpastoujours) ! Je ne vous dis pas merci, professeur. C'est pourtant un secteur du métier dans lequel il y a moyen de faire avancer les choses dans le bon sens, à condition qu'on nous donne des moyens à la hauteur de nos capacités.

PRÉJUGÉ NUMÉRO 3

« LES CANTINIERS NE SONT PAS DES CUISINIERS. »

Mais oui, nous sommes des garagistes, c'est bien connu. Plus sérieusement, les cantiniers sont des professionnels de la restauration avant tout, avec des diplômes reconnus et des formations de cuisine soit traditionnelles, soit de spécification restauration collective et rapide. En effet, un minimum d'apprentissage autour du secteur est requis pour pouvoir exercer et cuisiner dans les cantines françaises. Du CAP « Production Service Restauration » au Brevet Professionnel postbac, il existe de nombreuses formations et voies de certification. À bon entendeur...

PRÉJUGÉ NUMÉRO 4

« LES ŒUFS FRAIS SONT INTERDITS EN RESTAURATION SCOLAIRE. »

Faux. Encore un préjugé qui a le dos large pour éviter de donner du travail et/ou des moyens supplémentaires à certaines collectivités ou entreprises du secteur.

Il existe cependant des réglementations qui encadrent l'utilisation des œufs dans la restauration collective. Ceux-ci doivent provenir d'un centre d'élevage agréé au préalable par les autorités sanitaires. Par exemple, les œufs qui viennent du poulailler du jardin ou du coin d'à côté sont strictement interdits dans les cantines.

L'utilisation des œufs frais est aussi notifiée dans le plan de maîtrise sanitaire : le fameux PMS que chaque établissement de restauration collective se doit de mettre en place (voir p. 77). On y écrit tout le procédé mis en place, de la réception des approvisionnements au service des convives.

PRÉJUGÉ NUMÉRO 5

« LA CANTINE, CE N'EST PAS CHER, DONC C'EST MAUVAIS. »

Vrai et faux. Tout est question d'organisation, de budget et de volonté politique. Et comme je te l'ai expliqué dans un chapitre précédent (voir p. 71), une grande part du prix du repas est à la charge de la collectivité en question. Avec un budget de seulement 3 euros en coût matière, il est possible d'avoir une bonne qualité de repas dans les cantines.

PRÉJUGÉ NUMÉRO 6

« À LA CANTINE, IL Y A DU POISSON TOUS LES VENDREDIS. »

Il y a encore quelques années, il y avait souvent du poisson le vendredi : héritage de la culture judéo-chrétienne. Cette programmation en jour fixe ne doit pas être pas systématique, pour des raisons de laïcité en restauration scolaire publique. L'essentiel est d'offrir des menus variés et équilibrés tout au long de la semaine.

PRÉJUGÉ NUMÉRO 8

« LA CUISINE EST CENTRALISÉE, CE N'EST DONC PAS BON. »

Ah, voilà bien un préjugé indéniable et je m'en vais t'en donner la preuve. La cuisine centralisée jouit d'une mauvaise presse surtout à cause de la nourriture qui est servie en milieu hospitalier (mais qui a un bon souvenir des plateaux-repas servis à l'hôpital ??) et il est vrai, par ailleurs, qu'en milieu scolaire, faute de moyens et par souci d'économie, certaines collectivités ont fait le choix d'une cuisine centralisée de mauvaise qualité. Mais on peut très bien, dans une cuisine centralisée, proposer des menus qualitatifs et équilibrés, que ce soit en liaison chaude ou froide (voir p. 50).
La restauration traditionnelle peut elle-même être amenée à utiliser ce mode de production, comme dans les Alpes, à la station de ski du Mont-Blanc : les 18 restaurants d'altitude se sont regroupés au sein du groupe Maison des Drus dans des ateliers de cuisine de 1 200 m^2, à Sallanches. Et là, tout est fait maison, puis livré au pied des pistes.

PRÉJUGÉ NUMÉRO 9

« ON PAIE, DONC SI ON JETTE, CE N'EST PAS GRAVE. »

Celui-ci non plus, je ne l'invente pas et je l'ai même déjà entendu plus d'une fois à la cantine. C'est triste à dire mais c'est une pensée encore d'actualité, alors que l'on a bien tort d'utiliser cet argument, ce prétexte pour se donner bonne conscience quand on gaspille de la nourriture.
Le gaspillage alimentaire, dans le moins pire des cas, peut être composté sur place. Mais voilà, tout le monde, pour des raisons de logistique et d'hygiène extérieurs (ça attire les nuisibles, en milieu urbain), n'a pas de composteur sur place et, bien souvent, ce sont des entreprises privées qui

sous-traitent la collecte des biodéchets. Cela engendre donc un coût carbone en transport et une facture supplémentaire à payer à des sous-traitants. Donc, en jetant par exemple un steak à 1,50 euro, eh bien on va en réalité le payer presque 3 fois. Au total, pour un établissement, ce sont quelques milliers d'euros par an qui, sans ce gaspillage, pourraient être réinjectés dans le budget restauration scolaire. On devrait plutôt dire : « Tout le monde paie, donc si on jette, cela revient cher... très cher. »

PRÉJUGÉ NUMÉRO 10

« LE RESTO, C'EST TOUJOURS MIEUX QUE LA CANTINE. »

Perso, je dirais que c'est parfois bien pire. J'aurais plus tendance à me méfier du premier restaurant venu que de la cantine quotidienne où se rendent mes enfants. Pour différentes raisons : déjà, le fait maison y est utilisé à tort et à travers – un peu de poudre de crème, un peu de sucre et voilà une belle crème brûlée dite « maison » (cuisine d'assemblage, ô rage !), vendue à plus de 7 euros, service compris (heureusement).

Moi, ça me paraît évident : quand je consulte la carte d'un restaurant, je sais à quoi m'attendre. Une carte qui propose un trop grand nombre de plats, par exemple, ce n'est pas bon signe. Je mesure ma chance. (Métier oblige.)

Pour revenir à nos moutons, je le redis, en restauration scolaire, les menus sont encadrés, équilibrés et c'est bien là l'essentiel. Comme tu l'auras compris, tout n'est pas aussi rose que je le voudrais, de médiocres repas y sont encore servis, mais une chose est sûre, le risque d'intoxication dans les restaurants scolaires reste très faible par rapport à la restauration traditionnelle. Heureusement, après toutes les clefs que je t'ai données dans ce livre, tu sauras faire la différence entre une « mauvaise » et une « bonne » cantine, à présent, non ?

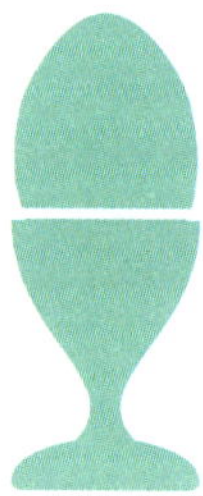

Conclusion

Ma cantine idéale : « la voie du milieu »

Nous voilà arrivés aux derniers instants de ce livre qui, je l'espère, t'a fait découvrir en toute simplicité ce monde de la restauration collective scolaire. Je t'ai raconté ce qu'il s'y passe au quotidien, avec évidemment ses avantages et ses inconvénients.

Ce secteur d'activité, en France, fait travailler, je le rappelle, plus de 300 000 personnes au service de milliers d'élèves qui passent par la case « cantine » quotidiennement ! Partant de ce constat simple, si l'ensemble des restaurants scolaires, qu'ils soient publics ou privés, se fournissaient à 100 % sur notre territoire, cela donnerait un sacré coup de pouce à tout le secteur agricole. Sans les agriculteurs, nous ne sommes rien... et sans nous, que feraient-ils ?

Mais comment proposer des solutions sans froisser quiconque ? Je ne fais pas de politique, je ne suis pas un expert mais je suis sur le terrain. Et au gré de mes rencontres et de mes voyages à travers la France, force est de constater que nous ne sommes pas tous logés à la « même enseigne ». Que ce soit au niveau des territoires pour les productions dites de « proximité », au niveau des budgets alloués par les collectivités, au niveau des équipes en place, du matériel... Les paramètres sont nombreux, il y a des équations à résoudre et, pourtant, il existe de très bons exemples de cantines saines et heureuses, du nord au sud et de l'est à l'ouest de notre pays ! Si les autres y arrivent, pourquoi certains ne réussissent pas à faire aussi bien ?

Vu du bout de ma lorgnette, si on imposait du 100 % de production issue de l'agriculture française – avec un soutien financier de taille, ça va sans dire –, on ferait un pas de plus en avant dans la direction de la qualité... donc de l'anti-gaspi, n'est-il pas ?

Mais imposer, n'est-ce pas enlever une certaine part de liberté ? Aïe, je sens que ça va partir en philosophie et que je vais devoir appeler au secours cette personne que j'ai rencontrée grâce aux réseaux et qui m'a donné l'envie d'écrire ce livre pour vous faire découvrir « la vraie cantine » (Lev, pour ceux qui connaissent). Non, vraiment, du 100 % « made in France », ça résoudrait beaucoup de problèmes, qu'ils soient économiques ou environnementaux.

Mais revenons au cœur de ma cantine idéale car c'est bien de cela qu'il s'agit, après tout ! La cantine idéale, à l'échelle nationale, ne peut être du 100 % local, bio et fait maison. Je suis pragmatique, je sais bien que tous les territoires n'ont pas la capacité de le faire. Toutes les régions françaises n'ont pas les mêmes productions agricoles, c'est une réalité. Et sachant cela, entre le tout industriel (encore présent et c'est bien triste de le constater dans certains endroits) et le 100 % « home-bio-local made » (possible dans certains départements et pour des capacités de moins de 500 élèves), j'affirme qu'il existe un juste milieu : une cantine adaptable à chaque collectivité, chaque ville, chaque région. Notre objectif doit être de faire du mieux que nous pouvons, pour que nos enfants puissent se restaurer chaque jour de manière diversifiée, dans un équilibre alimentaire responsable. Et avec un maximum de produits français, grâce à un soutien fort de l'État.

Par ailleurs, pour une égalité et une impartialité entre chaque territoire, pourquoi ne pas recentraliser toutes les décisions politiques et budgétaires concernant la restauration scolaire ? Pour moi, il y a trop de décideurs, trop de jeu politique autour de la cantine. Rappelle-toi que, selon mes recherches, un des meilleurs systèmes de restauration scolaire se trouve dans les pays du nord de l'Europe (voir p. 56) ! Là-bas, du tout-petit à l'étudiant, c'est uniquement la ville qui gère la restauration pour les élèves. Avec le même budget pour tous et des moyens similaires.

Alors oui, l'espoir d'une cantine idéale est permis. En tous cas, je me dis que ce n'est pas impossible... car impossible n'est pas français, paraît-il !

Ressources

DES SITES PÉPITES

Je t'invite à visiter ces différents sites pour en savoir encore plus sur le monde de la restauration scolaire. Ils sont souvent consultés par des professionnels et sont pourtant accessibles au grand public ! Je suis également heureux de te faire connaître des comptes de réseaux sociaux sur lesquels des professionnels s'attèlent à mettre en avant le monde de la cantine, afin de redorer son image ternie par d'autres.

- Je pense, entre autres, à Référentiel Restauration Collective (**www.referentiel-restauration-collective.fr**), une bible d'informations créée par le chef de cuisine Jean-Paul Terrusse, qui officie dans un collège de Mouans-Sartoux (Alpes Maritimes).
  Celui-ci partage également sur les réseaux sociaux, avec son accent chantant du Sud et son béret légendaire, le quotidien et les astuces de sa cantine, qui propose du bio et du local dans sa majorité : compte Instagram @ chef.jean_paul.terrusse.
  Son gimmick : « Ça va être parfait ! »
- Le site gouvernemental **ma-cantine.agriculture.gouv.fr** est la plateforme créée à la suite de la Loi Egalim, pour accompagner la transition alimentaire dans les assiettes des cantines. C'est sur cette plateforme que tu peux savoir si ta cantine est référencée, parce qu'impliquée dans le bien-manger. Ce site dépend du ministère de l'Agriculture et de la Souveraineté alimentaire.
- Le site Internet de l'ADEME (**www.ademe.fr**), site gouvernemental lui aussi, est très intéressant du point de vue de la transition écologique en restauration scolaire. L'ADEME accompagne, en effet, les établissements scolaires dans leur démarche de transition vers une restauration plus durable, en proposant des ressources, des outils et des financements, tout en sensibilisant les acteurs concernés aux enjeux environnementaux et alimentaires.
- **agriculture.gouv.fr/tout-comprendre-de-la-loi-egalim-2** : un autre site qui dépend lui aussi du ministère de l'Agriculture et qui explique parfaitement les contours de la loi Egalim. Cette loi impose, entre autres, certaines règles dans le but d'améliorer la qualité de la restauration dans les cantines et de favoriser les achats de produits locaux et issus de la culture bio. D'autres obligations comme la suppression du plastique et l'obligation de compostage y sont référencées et parfaitement expliquées.

DES CHEFS INSPIRANTS

Depuis mes premières vidéos sur les réseaux sociaux, j'ai créé, sans m'y attendre, une sorte d'engouement et de nombreux collègues de mon secteur d'activité se sont mis à partager, eux aussi, leur quotidien de chef et de cuisinier en restauration collective ; comme Jean-Paul Terrusse, dont je t'ai parlé plus haut. Je tenais vraiment à tous (en espérant de pas en oublier) leur faire un petit clin d'œil dans ce recueil (oh, c'est beau, ça ! Oui, je me jette des fleurs et j'assume !). Je te donne directement leurs pseudos, comme ça tu peux les retrouver facilement sur la Toile !

- **Chef Raknor50 :** responsable de cantine dans un collège de Carentan, dans la Manche. Toujours le sourire aux lèvres, il partage pleins d'astuces et de recettes !
  Sa devise : « Attention, ça risque d'être bon ! »
- **Steph09ariege :** chef dans un lycée de l'Occitanie, il présente quotidiennement le buffet de sa cantine, juste avant le service !
  Son intro signature : « Aujourd'hui, pour mes chers élèves... »
- **Ratatoto :** cuisinier au collège François Legros, à Reims, il partage son quotidien toujours « pouce levé », pour montrer sa cuisine faite maison !
  Son truc à lui : « Le fait maison, c'est trop bon. »
- **Jean-Philippe Moulinier :** responsable du service restauration d'un lycée agricole de la région Nouvelle-Aquitaine, à Saintes, en Charente-Maritime, il a créé un blog dédié à sa cantine et à son environnement. C'est « la cantine de Chadi », un véritable modèle de partage à une échelle de diffusion locale. Lien : http://site.chadignac.com/cantine/
- Le G ou **sampinogregory** : chef de cuisine dans un Ehpad, il aime partager ses recettes en slow motion et, ainsi, redorer l'image du métier dans ce secteur d'activité !
  Son slogan : « Ça a changé l'Ehpad ! »
- **camille-clement-cantinière :** comme son nom l'indique, Camille est cuisinière dans un restaurant collectif d'entreprise de l'Oise. Elle partage son quotidien avec le sourire et toujours de la musique, pour une bonne ambiance sonore !

Le monde associatif pour la cantine

Je ne pouvais pas terminer ce livre sans te parler des associations qui entourent le monde de la restauration collective et scolaire. Qu'ils soient parents d'élève ou professionnels du secteur, tous œuvrent au quotidien et de façon non lucrative en faveur de la cantine. Il existe une multitude d'associations. Je n'en présenterai que quelques-unes que je connais et qui tirent la restauration collective vers le haut. Mais je tiens à saluer toutes les initiatives !

CANTINES RÊVOLUTION

Sous la houlette de l'association de l'Alimentation durable, Cantines Rêvolution est un projet mené par Marie-Pierre Membrives, une maman engagée, également ingénieure dans le secteur agro-alimentaire.
Imagine des cantines scolaires qui seraient des lieux non seulement de restauration, mais aussi d'éducation à une alimentation plus saine, plus durable et plus savoureuse. C'est l'objectif (et pas seulement le « rêve ») de Cantines Rêvolution qui travaille sans relâche pour transformer les menus de nos enfants, en privilégiant des produits locaux et de saison, des recettes équilibrées et gourmandes, une agriculture biologique, une sensibilisation à l'alimentation à travers des ateliers éducatifs.
www.associationalimentationdurable.org/cantinesrêvolution

L'ÉCOLE COMESTIBLE

Une école qui se mange ? Bizarre ce nom, mais tu vas vite comprendre la philosophie cette association fondée par Camille Labro, journaliste et auteure. Ici on te parle d'un « monde où les enfants découvrent les légumes comme des trésors cachés et apprennent à cuisiner avec leurs mains ». L'association propose des ateliers ludiques et pédagogiques pour initier les plus jeunes à l'alimentation saine et durable. De la plantation au potager à la dégustation de recettes savoureuses, les enfants comprennent l'origine des aliments, développent leur palais et leurs sens, prennent plaisir à cuisiner et prennent conscience de l'importance d'une alimentation équilibrée pour leur santé et celle de la planète. Ces ateliers sont proposés lors des pauses de midi par des professionnels engagés.
www.ecolecomestible.org

LES ENFANTS CUISINENT

Oui, ils cuisinent mais pas tous seuls. Cette association a été fondée en 2011 par Olivier Chaput, chef passionné. Plus de cent autres chefs se sont engagés à ses côtés pour convier des « petits chefs en herbe » à explorer la gastronomie de manière ludique lors d'ateliers.
Un chef non pas à domicile, mais à l'école pour apprendre à cuisiner sainement : c'est top ! Cette association a même son festival (#Bon) et un slogan : « Ramène tes parents ! ». Le festival a lieu en juin chaque année, à Albi.
www.les-enfants-cuisinent.com

RESTAU'CO

Bien plus qu'une association, c'est un réseau qui rassemble tous les acteurs de la restauration collective en gestion directe : 13 organisations membres et 20 000 adhérents constituent une voix forte pour défendre les intérêts du secteur.
C'est un réseau solidaire au sein duquel les membres échangent, se forment et travaillent ensemble pour améliorer la qualité des repas servis chaque jour à la cantine, dans les hôpitaux ou dans les entreprises. Un salon du même nom est organisé chaque année, un mercredi de juin, au parc des expositions de la Porte de Versailles : des débats et des conférences y sont organisés.
www.restauco.fr

Alors,
qu'est-ce qu'on dit ?
Merciiii !

Voici venu le temps des remerciements. Si, un jour, quelqu'un m'avait dit que j'en rédigerais à l'occasion d'un livre, eh bien je ne l'aurais pas cru ! Ah ça, j'en ai lu des remerciements ; je ne les loupe jamais quand j'arrive à la fin d'un roman. Tous les auteurs ne le font pas, ce que je trouve dommage car il se tisse alors une sorte de proximité entre eux et leurs lecteurs et je trouve cela formidable. Pour commencer, je pense, entre autres, à **Maxime Chattam**, **Franck Thilliez**, **Bernard Minier**, **Stephen King** – qui a été mon premier auteur de chevet. Ce ne sont pas les écrivains les moins connus, c'est sûr, et je peux dire que sans eux je n'aurais peut-être pas eu le « goût » de l'écriture (je ne vais pas écrire un roman, rassure-toi). Donc merci à eux et à tous ceux qui m'ont fait rêver et voyager par la lecture.

Je remercie **mes proches**, **mon épouse Karine** et **mes enfants Julie et Vincent**, qui m'ont vraiment laissé dans ma bulle quand je m'installais sur mon PC portable pour écrire, à des heures improbables et souvent pendant les vacances et les week-ends. Merci, mes amours !

Vraiment, sans lui, rien que l'idée de ce livre n'existerait pas, même s'il n'a rien à voir avec le monde que je te fais découvrir dans ce livre : il s'appelle **Lev**, il est prof de philo et plus connu sous le nom de **Serial Thinker**. Il a publié un ouvrage en 2023. Après avoir fait connaissance, un jour, il m'a dit : « Toi aussi, tu devrais écrire un livre, je te jure, ce serait trop bien ! » et il m'a donc présenté **Anne**, mon éditrice chez Hachette. Anne que je remercie aussi 1 000 fois pour tous ses précieux conseils (oui, je t'avoue qu'auparavant, je n'y connaissais rien en édition) et qui, à son tour, m'a mis en relation avec **Isabelle**, ma correctrice que je remercie 10 000 fois, en particulier, pour ses « Attention, répétition ! ».

Je remercie **la région Nouvelle-Aquitaine**, **mon employeur**, pour son soutien dans mes actions, ainsi que **la direction de mon établissement scolaire** « La Cité Genevoix Signoret Vinci de Bressuire » de me laisser le champ libre dans mes productions vidéo ! Un gros bip up à **tous mes collègues de travail** qui m'encouragent au quotidien, plus particulièrement à **Mélodie** pour ses participations à mes vidéos et **Christian** pour ses conseils de « modération ».

Je remercie également **Ourdia Leroy**, la cofondatrice de l'association « Le choix de la cantine », qui a été la première à croire en mes actions et qui est devenue avec le temps ma conseillère de l'ombre en relation publique.

Un gros gros merci à **Damien Charion**, l'un des créateurs de la marque de vêtements albigeoise Kapitales, pour la conception de la collection « Guillaume Le Cantinier X Kapitales », dont les fameux tee-shirts « Team Anti-Gaspi » font partie.

En réalité, j'ai tellement de personnes à remercier que je vais vraiment finir par écrire un roman, ce n'est pas possible ! Donc je remercie **tous mes abonnés** sur les réseaux sociaux car c'est grâce à eux, à leurs interactions, leurs commentaires, leur bienveillance que j'en suis là !

Et le meilleur pour la fin : merci à toi, **chère lectrice**, **cher lecteur**. J'attends avec impatience tes retours sur les réseaux sociaux, si le cœur t'en dit. Je t'en serai très reconnaissant.

CRÉDITS ICONOGRAPHIQUES

23 : musée de l'école de Bothoa (musee-ecole-bothoa.com)
25, 28 et 30 : Archives de Paris
26 : Getty images / Gamma-Rapho / Richard Frieman-Phelps
29 : Getty images / Gamma-Rapho / Pierre Michaud
32 : Getty images / Gamma-Rapho / Michel Garnier
236 : Getty images / Gamma-Rapho / Jean-Marc Charles
237 : Getty images / Picture Post / John Chillingworth / Stringer

Direction Hachette Pratique : Catherine Saunier-Talec
Directrice de projets éditoriaux : Anne Le Meur
Responsable artistique : Carla Dalvy
Création de la maquette intérieure, illustrations et mise en page : Stéphanie Aguado
Photographie de couverture : Laurie Bisceglia
Révision : Isabelle Stiégler
Fabrication : Léa Legentil
Partenariats : Dana Lichiardopol (dlichiardopol@hachette-livre.fr)
Contact : webpratique@hachette-livre.fr

Achevé d'imprimer en décembre 2024 par Estella Gráficas (Espagne)
Dépôt légal : janvier 2025
Nuart : 63-2267-4
ISBN : 978-2-01-789311-0 /01

PAPIER À BASE DE FIBRES CERTIFIÉES

hachette s'engage pour l'environnement en réduisant l'empreinte carbone de ses livres. Celle de cet exemplaire est de : 1,8 kg éq. CO_2 Rendez-vous sur www.hachette-durable.fr

L'éditeur utilise des papiers composés de fibres naturelles, renouvelables, recyclables et fabriquées à partir de bois issus de forêts qui adoptent un système d'aménagement durable. L'éditeur attend également de ses fournisseurs de papier qu'ils s'inscrivent dans une démarche de certification environnementale reconnue.